Descobrir Jogos Online Grátis

Disponível Aqui:

BestActivityBooks.com/FREEGAMES

5 DICAS PARA COMEÇAR

1) CÓMO RESOLVER LAS SOPA DE LETRAS

Os puzzles têm um formato clássico:

- As palavras estão escondidas sem espaços ou hífenes,...
- Orientação: As palavras podem ser escritas para a frente, para trás, para cima, para baixo ou na diagonal (podem ser invertidas).
- As palavras podem sobrepor-se ou intersectar-se.

2) APRENDIZAGEM ACTIVA

Ao lado de cada palavra há um espaço para anotar a tradução. Para encorajar a aprendizagem activa, um **DICIONÁRIO** no final desta edição permitir-lhe-á verificar e expandir os seus conhecimentos. Procure e anote as traduções, encontre-as no puzzle e adicione-as ao seu vocabulário!

3) MARCAR AS PALAVRAS

Pode inventar o seu próprio sistema de marcação - talvez já use um? Pode também, por exemplo, marcar palavras difíceis de encontrar com uma cruz, palavras favoritas com uma estrela, palavras novas com um triângulo, palavras raras com um diamante, e assim por diante.

4) ESTRUTURANDO A APRENDIZAGEM

Esta edição oferece um **CADERNO DE NOTAS** prático no final do livro. Nas férias, em viagem ou em casa, pode facilmente organizar os seus novos conhecimentos sem a necessidade de um segundo caderno!

5) JÁ TERMINOU TODAS AS GRELHAS?

Nas últimas páginas deste livro, na secção **DESAFIO FINAL**, encontrará um jogo gratuito!

Rápido e fácil! Consulte a nossa colecção de livros de actividades para o seu próximo momento de diversão e **aprendizagem**, a apenas um clique de distância!

Encontre o seu próximo desafio em:

BestActivityBooks.com/MeuProximoLivro

Aos vossos lugares, preparem-se...Vão!

Sabia que existem cerca de 7.000 línguas diferentes no mundo? As palavras são preciosas.

Adoramos línguas e temos trabalhado arduamente para criar livros da mais alta qualidade para si. Os nossos ingredientes?

Uma selecção de tópicos adequados à aprendizagem, três boas porções de entretenimento, e depois acrescentamos uma colherada de palavras difíceis e uma pitada de palavras raras. Servimo-los com amor e máximo divertimento, para que possa resolver os melhores jogos de palavras e se divirta a aprender!

A sua opinião é essencial. Pode participar activamente no sucesso deste livro, deixando-nos um comentário. Gostaríamos de saber o que mais lhe agradou nesta edição.

Aqui está um link rápido para a sua página de encomendas:

BestBooksActivity.com/Avaliacoes50

Obrigado pela vossa ajuda e divirtam-se!

A Equipa Inteira

1 - Dirigindo

```
K B C F N T Z T N F M A J Q
L S M O T O R R O O W F L X
E J F T G B C A G R U N I J
B W C G A S S N F S L H S H
J E T J R M X S H I Y O E J
K H I E A I G P U K K R N O
B R E N S E L O C T K K S V
S F X G J Z Q R K I E E V E
R Q A E E T B T A G B I L I
M H B R E M S E R H B Z T J
S I K K E R H E T E G S W L
P O L I T I S M Y T A D X I
T U N N E L I M H S T Q B Z
K M O T O R S Y K K E L G G
```

ULYKKE	MOTORSYKKEL
BIL	MOTOR
BRENSEL	FOTGJENGER
FORSIKTIGHET	FARE
VEI	POLITI
BREMSER	GATE
GARASJE	SIKKERHET
GASS	TRANSPORT
LISENS	TRAFIKK
KART	TUNNEL

2 - Atividades

```
I  H  F  E  R  D  I  G  H  E  T  F  X  F
D  N  A  M  A  L  E  R  I  G  M  O  L  I
J  B  T  G  K  S  P  I  L  L  C  T  W  S
T  A  E  E  E  K  H  K  V  E  P  O  A  K
M  Y  N  P  R  A  U  M  C  D  S  G  V  E
B  M  I  W  A  E  R  N  M  E  D  R  S  K
J  A  K  T  M  Y  S  B  S  Q  G  A  L  F
H  G  B  M  I  M  Q  S  E  T  Z  F  A  O
N  I  V  Z  K  Y  M  J  E  I  V  E  P  T
L  I  F  X  K  B  H  C  N  R  D  R  N  T
H  Å  N  D  V  E  R  K  P  W  X  I  I  U
A  K  T  I  V  I  T  E  T  N  Q  N  N  R
F  R  I  T  I  D  L  E  S  I  N  G  G  E
I  B  H  I  V  I  C  F  U  J  U  Q  R  R
```

KUNST	HAGEARBEID
HÅNDVERK	SPILL
AKTIVITET	FRITID
JAKT	LESING
FOTTURER	MAGI
KERAMIKK	FISKE
FOTOGRAFERING	MALERI
FERDIGHET	GLEDE
INTERESSER	AVSLAPNING

3 - Churrascos

```
B  A  B  K  L  G  L  T  H  S  R  F  Q  S
V  A  R  M  T  R  U  S  O  G  A  R  J  A
B  A  R  N  F  Ø  N  O  A  M  V  U  O  L
U  R  E  D  A  N  S  M  R  L  A  K  S  T
G  G  R  C  M  N  J  M  Z  J  A  T  D  K
N  W  N  R  I  S  F  E  N  Z  X  T  E  J
G  I  K  C  L  A  K  R  K  N  I  V  E  R
X  W  Y  U  I  K  V  Y  T  S  D  K  Z  R
E  Y  L  K  E  E  H  P  E  P  P  E  R  M
I  P  L  I  L  R  O  C  I  I  W  M  H  I
G  R  I  L  L  E  T  G  Y  L  S  G  E  D
J  W  N  M  U  S  I  K  K  L  U  K  K  D
C  N  G  D  G  O  T  T  O  A  L  A  R  A
I  N  V  I  T  A  S  J  O  N  T  J  S  G
```

LUNSJ	SPILL
INVITASJON	GRØNNSAKER
BARN	SAUS
KNIVER	MUSIKK
FAMILIE	PEPPER
SULT	VARMT
KYLLING	SALT
FRUKT	SALATER
GRILLE	TOMATER
MIDDAG	SOMMER

4 - Pesca

```
O B D J L V M I E F X K G S
C V A G N E L V O I H J J G
F E E K O K K G I N V E E J
Å K F R L E D N I N G V L B
R T P O D I F F O E Q E L L
S E G F X R N B K N P A E X
T Å L M O D I G H E T M R C
I I V C X H A V S T R A N D
D C N A O I G S E P U R P X
G X H N N Y L A L T S F M
K U R V S N S B V B S B Å T
Y I U D K J I C H N T E R G
K R O K R R Ø H E I Y D E X
H V W Q P C O W N O R Z B C
```

VANN	AGN
FINNENE	INNSJØ
BÅT	KJEVE
GJELLER	HAV
KURV	TÅLMODIGHET
KOKK	VEKT
UTSTYR	STRAND
OVERDRIVELSE	ELV
LEDNING	ÅRSTID
KROK	

5 - Geologia

```
K V A R T S T E I N D T S S
M K O N T I N E N T H S T T
S I F O S S I L T I E N A A
O F N S Y R E X A A U Q L L
N F P E M U H W A G J R A A
E P Q N R E R O S J O N K G
E H C T A A L A V A R P T M
K O R A L L L N N S D J I I
P K Y R Q G N E X A S L T T
L B S T B G X V R L K A T T
A B T V U L K A N T J G F E
T U A Y U N A Z I U E K U R
Å F L H U L E E X O L M S S
K A L S I U M L B W V J I R
```

SYRE	FOSSILT
LAG	LAVA
HULE	MINERALER
KALSIUM	STEIN
KONTINENT	PLATÅ
KORALL	KVARTS
CRYSTAL	SALT
EROSJON	JORDSKJELV
STALAKTITT	VULKAN
STALAGMITTER	SONE

6 - Móveis

```
C  T  I  T  M  U  I  A  U  M  G  Q  O  M
S  L  E  N  E  S  T  O  L  A  F  F  I  R
K  B  W  F  X  A  N  L  Z  D  P  F  S  Y
R  O  L  O  Y  Z  Q  Y  P  R  U  P  H  H
I  Z  M  N  F  B  O  Y  W  A  T  H  H  L
V  X  H  M  E  R  S  V  N  S  E  R  E  E
E  U  D  I  O  B  E  N  K  S  B  F  N  G
B  V  M  G  S  D  O  S  T  O  L  U  G  A
O  K  S  X  P  Y  E  K  R  P  U  T  E  R
R  C  C  B  E  W  U  L  H  W  E  O  K  D
D  P  S  L  I  S  R  Z  L  Y  P  N  Ø  I
S  E  N  G  L  R  O  M  M  J  L  H  Y  N
G  T  F  Z  P  M  V  F  M  M  B  L  E  E
C  T  T  E  P  P  E  B  A  E  B  C  E  R
```

PUTE	SPEIL
PUTER	BOKHYLLE
BENK	FUTON
STOL	HENGEKØYE
SENG	SKRIVEBORD
MADRASS	LENESTOL
GARDINER	SOFA
KOMMODE	TEPPE

7 - Tempo

```
T M I D D A G S T I D R E U
B I K F Q I Q O K W B A H B
V S M R D A G I C Y Y I F H
Y H O E N Å H D I G Å R R N
B N R M N R V A A A O V Å J
R Y G T M L Y G Y I O C R Z
Q I E I Å I P J I Y K J H D
A Y N D N G O X E S R M U F
K J U K E A V P B Y L I N Ø
W L U D D N T I G Å W N D R
W W O Q C X F T N R I U R T
F S S K A L E N D E R T E I
M G D A K Q R X E C G T K Å
W G S Ø Y E B L I K K I E R
```

NÅ	MORGEN
ÅR	MIDDAGSTID
FØR	MÅNED
ÅRLIG	MINUTT
KALENDER	ØYEBLIKK
TIÅR	NATT
DAG	I GÅR
FREMTID	KLOKKE
I DAG	UKE
TIME	ÅRHUNDRE

8 - Astronomia

```
J  Y  Y  R  H  H  I  V  U  R  M  F  A  S
K  O  W  Y  I  P  P  L  A  N  E  T  S  O
O  Z  R  Z  M  Å  N  E  Z  F  T  T  T  L
S  D  B  D  M  H  C  P  A  H  E  H  E  A
M  B  H  U  E  E  Q  U  I  N  O  X  R  R
O  V  E  O  L  U  Q  O  S  E  R  G  O  G
S  L  D  A  S  T  R  O  N  A  U  T  I  B
F  O  R  M  Ø  R  K  E  L  S  E  V  D  R
I  R  J  B  S  T  R  Å  L  I  N  G  E  A
K  O  N  S  T  E  L  L  A  S  J  O  N  K
O  B  S  E  R  V  A  T  O  R  I  U  M  E
S  U  P  E  R  N  O  V  A  L  I  R  Y  T
A  S  T  R  O  N  O  M  O  R  V  R  A  T
T  Y  N  G  D  E  K  R  A  F  T  H  J  Z
```

ASTEROIDE	TYNGDEKRAFT
ASTRONAUT	MÅNE
ASTRONOM	METEOR
HIMMEL	OBSERVATORIUM
KONSTELLASJON	PLANET
KOSMOS	STRÅLING
FORMØRKELSE	SOLAR
EQUINOX	SUPERNOVA
RAKETT	JORD

9 - Circo

```
M U S I K K J Q Z F G H S A
A A D K A B F G H O V A O I
G P G Y T I V L B Z H T F B
I E G I R L N E L K F E B A
Q O Q R K L O V N P L L A E
B W J T O E L E F A N T L A
M Y A A Z T R I K S U I L K
G B F O I T Z P H A U G O R
T I L S K U E R A T V E N O
K O S T Y M E Y G R Z R G B
U N D E R H O L D E A A E A
N L W S J O N G L Ø R D R T
M S G H Q L Ø V E H B Q E Y
S P E K T A K U L Æ R U P Q
```

AKROBAT	APE
DYR	MAGI
BALLONGER	SJONGLØR
BILLETT	MAGIKER
PARADE	MUSIKK
ELEFANT	KLOVN
UNDERHOLDE	TELT
TILSKUER	TIGER
SPEKTAKULÆR	KOSTYME
LØVE	TRIKS

10 - Acampamento

```
A Y Y N K A N O S T Z E H W
K O M P A S S X K W A Y J D
B Z D Y R T F N O K U U H U
T D H M T U U G G E V X X D
E P Y M O D H R U K F V O B
L B T R Æ R A F R V J A K T
T Y T M T Q T I N S E K T E
X A E S L D T N M H L E F O
B K G U K F T G Å B L V D K
W R U T S T Y R N Z X E G L
G T A Q P P H R E P P N Z W
Q H E N G E K Ø Y E Z T B J
P A I I N N S J Ø P T Y P Z
F W P J V J A Q M A F R X C
```

DYR	SKOG
EVENTYR	BRANN
TRÆR	INSEKT
KOMPASS	INNSJØ
HYTTE	MÅNE
JAKT	HENGEKØYE
KANO	KART
HATT	FJELL
TAU	NATUR
UTSTYR	TELT

11 - Emoções

```
K V T X W Z I S C H T N V J
G J F O R N Ø Y D A A Q E D
P Z Æ Y A C F M E V K K N T
W J H R I H L P Q S K J N R
K A I O L X A A J L N E L I
W N I L Z I U T Ø A E D I S
H V Y I I Z G I M P M S G T
L A Z G F I L H H P L O H H
F R Y K T H E A E E I M E E
I N N H O L D O T T G H T T
S I N N E U E O R O M E F R
L Y K K S A L I G H E T X E
D O W G I X F R E D I I S S
J K O S Q U A X M S Z Q Q W
```

GLEDE

KJÆRLIGHET

LYKKSALIGHET

VENNLIGHET

ROLIG

INNHOLD

FLAU

TAKKNEMLIG

FRYKT

FRED

SINNE

AVSLAPPET

FORNØYD

SYMPATI

ØMHET

KJEDSOMHET

RO

TRISTHET

12 - Ficção Científica

```
I  N  N  B  I  L  T  N  S  A  A  Y  W  S
E  K  S  P  L  O  S  J  O  N  P  T  J  H
I  L  L  U  S  J  O  N  L  K  Z  P  O  B
G  M  Y  S  T  I  S  K  Q  I  L  H  M  M
B  A  P  Y  Y  I  B  O  P  Z  V  M  E  E
Ø  U  L  F  U  T  U  R  I  S  T  I  S  K
K  T  A  A  Q  J  N  A  A  K  P  I  Z  S
E  O  N  F  X  J  Q  K  I  N  O  W  D  T
R  P  E  J  E  Y  G  E  F  S  N  J  D  R
Z  I  T  E  K  N  O  L  O  G  I  W  H  E
D  V  E  R  D  E  N  R  V  R  E  Z  E  M
X  E  C  N  F  A  N  T  A  S  T  I  S  K
T  R  O  B  O  T  E  R  B  B  P  R  A  I
S  U  D  Y  S  T  O  P  I  Y  G  Q  A  V
```

ATOM	ILLUSJON
KINO	INNBILT
FJERN	BØKER
DYSTOPI	MYSTISK
EKSPLOSJON	VERDEN
EKSTREM	ORAKEL
FANTASTISK	PLANET
BRANN	ROBOTER
FUTURISTISK	TEKNOLOGI
GALAXY	UTOPI

13 - Mitologia

```
Q P A R K E T Y P E B T Z K
K A T A S T R O F E Z O K U
M O N S T E R U E Z K R G L
S A O P P F Ø R S E L D D T
J S G L A B Y R I N T E Ø U
A T J I H E V N V F X N D R
L Y N S S K L E G E N D E F
U R P K V K O Q C O Z M L E
S K A H C R P F T V W B I U
I E E B P I H K W G X L G G
G Y Y I X G S K A P E L S E
H E L T H E L T I N N E M M
V R G E W R S K A P N I N G
U D Ø D E L I G H E T U D V
```

ARKETYPE	HELT
SJALUSI	UDØDELIGHET
OPPFØRSEL	LABYRINT
SKAPELSE	LEGENDE
SKAPNING	MAGISK
KULTUR	MONSTER
KATASTROFE	DØDELIG
STYRKE	LYN
KRIGER	TORDEN
HELTINNE	HEVN

14 - Medições

```
T W C Y G R A M I N U T T L
U O E H W R I Q Z E N K Q I
H P N V U P A X C E S H G T
F W T N E X J D B R E D D E
R N I K J K C Y V O L U M R
B D M U K G T B K I L O P S
I U E X I K W D D R Z N K X
H E T T L R L E N G D E M X
G H E X O W X Z A L K T O S
S I R T M H W M V E I P V D
B X I A E Ø D A O S X Q B J
Y G F N T Y X S R S E J X G
T O M M E D E S I M A L X R
E U G Y R E M E T E R Z J H
```

HØYDE	METER
BYTE	MINUTT
CENTIMETER	UNSE
LENGDE	VEKT
DESIMAL	TOMME
GRAM	DYBDE
GRAD	KILO
BREDDE	KILOMETER
LITER	TONN
MASSE	VOLUM

15 - Plantas

```
B U Y G R E S S F X C T K C
A Æ L J B K Q M L T E U R T
M T R Ø Ø K B L O M S T O G
B B O D N B W T R E B K N M
U W T S N G O V A F U A B O
S M F E E M D T R Ø S K L S
V R T L S K O G A Y K T A E
O H A G E A Q E C N N U D Z
V E G E T A S J O N I S G V
T O D L A O Q N P G E K D L
K M A Y Z I S N Y X Y D K N
Y G X W U I W H X C Q D M X
G V L Ø V V E R K T U E F K
Z F V G G J Q J C Y O T L Q
```

BUSK
TRE
BÆR
BAMBUS
BOTANIKK
KAKTUS
URT
BØNNE
GJØDSEL
BLOMST

FLORA
SKOG
LØVVERK
GRESS
EFØY
HAGE
MOSE
KRONBLAD
ROT
VEGETASJON

16 - Veículos

```
A F A R F E R J E U N C X M
L M I H L L G M S R S N M G
A D B T H R Å O G P R K Z C
S K Å U E K N T A X I T J L
T L T Y L L I O E R J K V B
E F A Y I A E R S Y K K E L
B O L K K R N T R A K T O R
I E H Y O A U S C O O T E R
L J L C P K F D E V O A O G
A Y C U T E N Q D E K K U Z
L X E Y E T V A R E B I L B
F R Z J R T N H E B I L P U
C A M P I N G V O G N X A S
F M S H S T A I B X I U N S
```

AMBULANSE	VAREBIL
FLY	HELIKOPTER
FERJE	FLÅTE
BÅT	SCOOTER
SYKKEL	MOTOR
LASTEBIL	BUSS
CAMPINGVOGN	DEKK
BIL	TAXI
RAKETT	TRAKTOR

17 - Restaurante # 2

```
S  I  M  C  D  G  V  K  R  Y  D  D  E  R
K  K  I  O  E  R  L  A  F  H  M  R  Y  H
J  V  D  S  I  Ø  I  K  N  O  P  I  E  N
E  H  D  T  L  N  K  E  C  N  E  K  L  U
R  M  A  O  I  N  Q  D  Y  I  D  K  U  D
F  Q  G  L  G  S  S  G  S  V  H  S  N  L
G  O  W  X  A  A  S  A  L  A  T  U  S  E
I  A  R  U  F  K  F  R  U  K  T  P  J  R
S  B  F  R  F  E  F  I  S  K  T  P  Z  Z
K  E  L  N  E  R  L  C  D  I  L  E  B  J
B  X  S  A  L  T  Y  Y  C  U  E  F  I  O
X  X  C  P  O  U  T  O  G  T  R  P  B  D
Q  E  Z  S  E  X  W  U  X  O  J  H  S  S
V  L  N  Y  I  R  W  O  V  B  L  X  D  Y
```

LUNSJ	KELNER
FORRETT	GAFFEL
VANN	IS
DRIKK	MIDDAG
KAKE	GRØNNSAKER
STOL	NUDLER
SKJE	FISK
DEILIG	SALT
KRYDDER	SALAT
FRUKT	SUPPE

18 - Países #2

```
M  I  Z  V  J  S  O  M  A  L  I  A  K  N
J  I  I  R  L  A  N  D  L  Q  K  Z  R  I
B  A  Q  H  I  Y  P  S  B  V  P  F  E  G
J  A  M  A  I  C  A  A  A  H  L  X  J  E
Y  C  N  I  P  H  B  A  N  E  P  A  L  R
S  G  A  T  L  A  O  S  I  L  U  L  P  I
E  K  H  I  R  H  O  Z  A  L  K  I  A  A
I  N  D  O  N  E  S  I  A  A  R  B  K  M
F  R  A  N  K  R  I  K  E  S  A  A  I  E
U  G  A  N  D  A  E  S  J  B  I  N  S  X
D  A  N  M  A  R  K  W  Y  L  N  O  T  I
E  O  O  S  C  T  X  Q  G  R  A  N  A  C
B  E  V  N  Y  G  Y  N  G  X  I  X  N  O
M  W  B  T  P  T  R  U  S  S  L  A  N  D
```

ALBANIA	LIBANON
DANMARK	MEXICO
FRANKRIKE	NEPAL
HELLAS	NIGERIA
HAITI	PAKISTAN
INDONESIA	RUSSLAND
IRLAND	SYRIA
JAMAICA	SOMALIA
JAPAN	UKRAINA
LAOS	UGANDA

19 - Cozinha

```
K  J  Ø  L  E  S  K  A  P  F  F  A  F  B
Q  X  I  G  T  L  U  X  K  O  O  G  R  O
G  A  F  L  E  R  L  O  Z  R  P  R  Y  S
H  Q  J  H  Ø  X  I  C  O  K  P  I  S  E
T  Z  T  F  S  V  A  M  P  L  S  L  E  R
K  S  C  Q  E  K  X  S  Q  E  K  L  R  V
K  R  U  K  K  E  J  T  Q  H  R  E  B  I
K  P  Y  M  U  G  G  E  E  K  I  V  O  E
X  J  T  D  M  M  K  T  E  Y  F  N  L  T
O  G  E  H  D  P  M  I  R  R  T  U  L  T
O  V  N  L  Z  E  J  W  K  Y  S  G  E  X
W  H  Q  S  E  Q  R  R  V  B  U  P  A  K
Z  K  N  I  V  E  R  K  O  P  P  E  R  R
K  Y  S  P  I  S  E  P  I  N  N  E  R  C
```

FORKLE	GAFLER
KJELE	KJØLESKAP
SKJEER	GRILLE
ØSE	SERVIETT
KOPPER	KRUKKE
KRYDDER	MUGGE
SVAMP	SPISEPINNER
KNIVER	OPPSKRIFT
OVN	BOLLE
FRYSER	

20 - Brinquedos

```
S P I L L B O E V N S Z G D
Y X L R Y B Ø G E W J F M R
K M A L I N G K L A A A N A
K L A L H B I L E Q K N C G
E G V H P Å D K I R K T C E
L A F O H H N P R V Q A P D
B A L L Q Y Z D E D J S S F
Y G Y Y L C F A V O R I T T
L A S T E B I L C E G Z L C
R O B O T R Y A Q F R Q Q N
G T V Z Q J R O Q D U K K E
B Å T R O M M E R U V O N H
Y F B Z O R A J P S Q K U K
P L C Z K I G R G Q D A V S
```

LEIRE	BIL
HÅNDVERK	FAVORITT
FLY	FANTASI
BÅT	SPILL
TROMMER	BØKER
SYKKEL	DRAGE
BALL	ROBOT
DUKKE	MALING
LASTEBIL	SJAKK

21 - Verão

```
F S A N D A L E R Y H A H Y
A P O M M Y Z F T K G J C W
M I K X U Y R Z W B Ø K E R
I L B J K S W A S Z C N E M
L L W O S W I C A W C P H A
I S T R A N D K A O K O V V
E G L E D E D Y K K I N G S
L B G S T J E R N E R B F L
R B K T L F R I T I D H N A
E K Z D J H V P F F G A I P
I P Y M U C A M P I N G A N
S X S T R W Z V E N N E R I
E U N J G Q S S J S Z L X N
L E T H R V I G T B F Y J G
```

CAMPING   BØKER
GLEDE   HAV
VENNER   DYKKING
HJEM   MUSIKK
STJERNER   STRAND
FAMILIE   AVSLAPNING
HAGE   SANDALER
SPILL   REISE
FRITID

22 - Material de Arte

```
Z  A  V  J  M  O  I  C  A  B  F  H  D  L
B  U  M  I  R  B  L  Y  A  N  T  E  R  E
Q  D  S  D  S  S  F  J  K  V  F  M  C  I
K  U  L  L  X  K  S  O  E  L  A  A  T  R
R  A  K  V  A  R  E  L  L  E  R  L  F  E
E  S  T  A  F  F  E  L  I  I  G  I  R  J
A  Y  D  I  Z  G  J  B  Æ  S  E  N  X  D
T  E  F  A  K  R  Y  L  Q  R  R  G  H  C
I  P  K  K  H  S  C  E  H  E  V  B  Q  Q
V  V  A  N  N  D  G  K  S  S  N  F  A  N
I  T  M  P  Q  X  J  K  P  X  I  J  W  B
T  T  E  Q  I  F  G  G  S  T  O  L  I  M
E  M  R  B  Ø  R  S  T  E  R  L  V  S  N
T  L  A  E  F  V  B  O  R  D  L  C  R  W
```

AKRYL	FARGER
VISKELÆR	KREATIVITET
AKVARELLER	BØRSTER
LEIRE	BLYANTER
VANN	BORD
STOL	OLJE
KULL	PAPIR
STAFFELI	BLEKK
KAMERA	MALING
LIM	

23 - Números

```
P K X S Å G N S E K S T E N
L O N Y T S G L X D P J A N
T I T T T S E K S E C U V N
F E M T E N D Q M S E E J N
W X R E B I D M U I P Y T W
Y T F N V F P D H M Q F R L
T N I S X N A Y L A T T E N
Y C R I M D R R V L K C T K
T T E F J O R T E N F I T N
Q O R F T N U L L H E A E I
C I L E O W U E P J M N N V
U X S V X J U S Y V H R T H
F Q S F U I I H C J H J H Q
D L C K T R D R U T J D X M
```

FEM	FJORTEN
DESIMAL	FIRE
TI	FEMTEN
SEKSTEN	SEKS
SYTTEN	SYV
ATTEN	TRETTEN
TO	TRE
TOLV	EN
NI	TJUE
ÅTTE	NULL

24 - Especiarias

```
V B D L O E G O S E B D R A
D I T S N N C V A N I L J E
K G V X Y N G O L S T P Q K
S E U P D R I P T R T D Q A
R E A P N L Z J U T E X H R
K A N E L H S L A K R I S D
O Z I P S F V U Z O X A U E
R B S P A C E I R P H Y N M
I N G E F Æ R N T S Ø T K O
A N W R R E C V N L L L A M
N B R K A S M A K I Ø X R M
D O V Z N Z S V R F K K R E
E M U S K A T W R R G E I L
R S P I S S K U M M E N L M
```

SAFRAN	LØK
LAKRIS	KORIANDER
HVITLØK	SPISSKUMMEN
BITTER	SØT
ANIS	FENNIKEL
SUR	INGEFÆR
VANILJE	MUSKAT
KANEL	PEPPER
KARDEMOMME	SMAK
KARRI	SALT

25 - Aniversário

```
K  M  D  B  S  D  K  L  I  I  X  Q  Y  Z
A  O  O  Q  O  A  A  Y  N  K  H  G  F  P
K  Å  R  H  W  G  L  S  V  I  X  J  G  V
E  W  P  T  I  I  E  C  I  G  L  A  D  A
F  N  K  K  E  C  N  T  T  I  D  I  Y  S
Z  U  Y  D  Y  V  D  S  A  G  V  N  V  P
V  E  N  N  E  R  E  I  S  U  H  J  N  E
U  I  H  I  H  F  R  J  J  U  U  F  Z  S
N  I  S  D  B  W  M  V  O  H  V  F  L  I
G  L  E  D  E  L  I  G  N  A  N  Ø  K  E
S  A  N  G  O  M  F  A  E  G  R  D  Z  L
W  J  T  X  Y  M  X  C  R  O  A  T  O  L
F  E  I  R  I  N  G  I  L  S  K  V  E  A
C  F  B  B  X  G  X  E  B  Z  T  R  E  R
```

GLEDELIG	DAG
VENNER	GAVE
ÅR	SPESIELL
KAKE	GLAD
KALENDER	UNG
SANG	FØDT
KORT	VISDOM
FEIRING	TID
INVITASJONER	LYS

26 - Casa

```
G  H  O  T  L  P  H  Y  M  V  I  Z  Q  P
R  A  R  K  O  W  S  S  P  E  I  L  G  Q
M  G  R  E  F  B  C  T  L  G  H  N  R  H
Ø  E  O  D  T  I  D  L  C  G  O  P  D  Z
B  Q  M  U  I  D  Ø  R  D  J  U  Z  D  U
L  I  E  S  H  N  P  G  O  E  Q  T  A  U
E  G  B  J  P  Q  E  A  R  R  H  E  F  U
R  Y  H  L  I  K  I  R  S  D  T  P  F  X
K  R  A  N  I  W  S  A  O  E  J  P  D  B
K  O  S  T  V  O  A  S  D  S  D  E  C  L
Q  B  O  W  G  K  T  J  N  Ø  K  L  E  R
X  T  I  L  O  K  A  E  D  Q  Y  J  J  W
B  P  L  E  J  K  J  Ø  K  K  E  N  X  N
P  F  S  K  O  R  S  T  E  I  N  G  J  M
```

BIBLIOTEK	HAGE
GJERDE	PEIS
SKORSTEIN	MØBLER
NØKLER	VEGG
DUSJ	DØR
GARDINER	ROM
KJØKKEN	LOFT
SPEIL	TEPPE
GARASJE	KRAN
VINDU	KOST

27 - Vegetais

```
N R P I S G H Y G F P F B P
Y E O N P U V I R T H X O E
B D P G I L I Z E R T C A R
O D O E N R T E S O P P W S
Z I T F A O L W S K B R A I
S K E Æ T T Ø Z K T A B D L
N E T R Q U K U A G U R K L
E E L S A L A T R O B O Q E
L M M L Y Ø D J L E E K G V
C P T V E K F O D X R K D N
J X O X S R O U V U G O C O
I D M R C N I N G X I L I G
S J A L O T T L Ø K N I V G
A R T I S J O K K H E A Y O
```

GRESSKAR	SOPP
SELLERI	ERT
ARTISJOKK	SPINAT
HVITLØK	INGEFÆR
POTET	NEPE
AUBERGINE	AGURK
BROKKOLI	REDDIK
LØK	SALAT
GULROT	PERSILLE
SJALOTTLØK	TOMAT

28 - Exploração

```
B E S L U T T S O M H E T W
A K T I V I T E T U Y U S G
R E I S E I D L I H R T O K
Z I F Z P Q Y W F A R E R A
Z N G R A R O M Z J H U X S
U T M A T T E L S E E I U Q
P Z H A K U V O P P D R A G
A R X H P U I S S Q Y P N T
N T Q S V J L J J E R A B E
D B B O D D L T S P T Y B R
H U K J E N T M U T J S I R
S P R Å K R K Q N R M O T E
X V F I B K W W Z Y E K D N
O O P P D A G E L S E R H G
```

DYR	ROM
AKTIVITET	UTMATTELSE
OPPDRAG	SPRÅK
MOT	NY
KULTURER	FARER
OPPDAGELSE	VILL
UKJENT	TERRENG
BESLUTTSOMHET	REISE
FJERN	

29 - Balé

```
R  I  S  T  I  L  K  A  R  L  G  J  M  B
U  N  P  R  A  K  S  I  S  O  L  O  U  A
P  T  O  K  O  M  P  O  N  I  S  T  S  L
U  E  T  P  T  E  K  N  I  K  K  S  I  L
B  N  O  R  K  E  S  T  E  R  P  M  K  E
L  S  G  F  Y  A  P  P  L  A  U  S  K  R
I  I  X  E  C  K  S  J  W  E  Ø  X  G  I
K  T  F  D  S  M  K  I  T  M  V  U  R  N
U  E  X  V  K  T  G  S  C  C  I  D  A  A
M  T  R  Y  T  M  E  O  F  G  N  Y  S  S
D  A  N  S  E  R  E  U  E  U  G  O  I  P
K  O  R  E  O  G  R  A  F  I  L  J  Ø  L
K  U  N  S  T  N  E  R  I  S  K  L  S  N
H  O  F  E  R  D  I  G  H  E  T  H  B  J
```

APPLAUS   GRASIØS
KUNSTNERISK   FERDIGHET
BALLERINA   INTENSITET
KOMPONIST   MUSIKK
KOREOGRAFI   ORKESTER
DANSERE   PRAKSIS
ØVING   PUBLIKUM
STIL   RYTME
UTTRYKKSFULL   SOLO
GEST   TEKNIKK

30 - Conservação

```
Ø U K L I M A E A S B B J W
V K T O R G A N I S K Æ U E
I A O D G R Ø N N O P R A E
P V N S A T M Z X H W E E I
O T N N Y N Q H U B Z K J F
N E Q M A S N F K P T R O R
H A B I T A T I X S O A Q I
S Y K L U S X E N Q M F Z V
M F F J E R R A M G Q T Q I
F G I Ø M H H U S L H I W L
R E S I R K U L E R E G R L
N A T U R L I G V H L C L I
J U K F O R U R E N S I N G
L G Y R E D U S E R E E D S
```

MILJØ	ORGANISK
VANN	FORURENSING
SYKLUS	RESIRKULERE
KLIMA	REDUSERE
ØKOSYSTEM	HELSE
UTDANNING	BÆREKRAFTIG
HABITAT	GRØNN
NATURLIG	FRIVILLIG

31 - Adjetivos #1

```
G  I  S  S  G  A  B  E  K  O  S  M  S  M
F  D  C  E  T  J  P  H  U  A  V  O  J  L
X  E  R  V  R  O  K  I  N  N  T  D  E  B
T  N  T  L  A  I  R  J  S  C  T  E  N  P
U  T  T  A  O  K  Ø  D  T  M  L  R  E  E
N  I  E  N  O  R  M  S  N  Y  E  N  R  R
G  S  G  G  D  I  K  Q  E  S  N  E  Ø  F
C  K  M  S  L  H  D  W  R  T  K  N  S  E
E  K  S  O  T  I  S  K  I  I  Æ  V  V  K
G  F  W  M  R  R  A  K  S  S  R  M  N  T
A  B  S  O  L  U  T  T  K  K  L  S  E  X
A  T  T  R  A  K  T  I  V  P  I  V  D  S
U  J  Q  V  I  K  T  I  G  Y  G  J  I  U
A  R  O  M  A  T  I  S  K  N  M  Ø  R  K
```

ABSOLUTT   ÆRLIG
AROMATISK   IDENTISK
KUNSTNERISK   VIKTIG
ATTRAKTIV   LANGSOM
ENORM   MYSTISK
MØRK   MODERNE
EKSOTISK   PERFEKT
TYNN   TUNG
SJENERØS   SERIØS
STOR

32 - Insetos

```
J F W U R A T A L W B Q Q S
D P I I L X P C R A O A Q O
L L T M X G K D V S R J T M
G R E S S H O P P E M V T M
B I L L E M A N T I S M E E
L R F M A R I H Ø N E Y R R
A X Q A M Ø L L C O R G M F
D P X U K D F U U I M G I U
L X Q R J L O P P E C J T G
U H A J U N I N O E F A T L
S Ø Y E N S T I K K E R D X
V V E P S B O P U C B S U A
A F Y T I J I I A P D F D E
O N K J K A K E R L A K K P
```

BIE	LARVE
KAKERLAKK	ØYENSTIKKER
BILLE	MANTIS
SOMMERFUGL	MØLL
CICADA	ORM
TERMITT	MYGG
MAUR	LOPPE
GRESSHOPPE	BLADLUS
MARIHØNE	VEPS

33 - Paisagens

```
Z  F  V  R  G  P  Y  T  Z  H  E  F  E  Q
Ø  S  T  R  A  N  D  X  G  U  W  O  G  K
I  R  E  A  J  K  G  K  G  L  V  S  E  S
W  N  K  T  U  N  D  R  A  E  M  S  W  V
E  B  N  E  I  X  A  Z  H  M  A  Z  Q  U
I  V  X  S  N  D  L  O  A  S  E  K  C  L
W  Z  N  F  J  E  L  L  V  I  K  U  S  K
Q  C  L  G  Z  Ø  I  S  F  J  E  L  L  A
D  S  J  M  V  U  Y  J  W  W  D  O  A  N
R  B  Å  S  G  I  P  Q  S  L  V  Q  W  I
V  M  E  E  O  T  Z  K  G  U  L  F  U  Z
G  U  C  B  O  G  P  T  D  T  M  O  E  C
H  A  L  V  Ø  Y  Z  X  K  V  U  P  L  Z
Ø  Y  U  J  J  B  I  S  B  R  E  S  V  L
```

FOSS	HAV
HULE	FJELL
ÅS	OASE
ØRKEN	SUMP
VIK	HALVØY
ISBRE	STRAND
GULF	ELV
ISFJELL	TUNDRA
ØY	DAL
INNSJØ	VULKAN

34 - Dança

```
Q Y Q B K V U Ø T Q F D T K
O K X E L P T Y V Y U J R U
H C X V A V T H X I D F A L
W Q F E S B R D N G N W D T
K Z I G S S Y Y Å L T G I U
D K V E I A K A D E M I S R
H R F L S M K O E D U V J E
O O Ø S K B S F P E S I O L
P P L E K O F H C L I S N L
P P E D U E U R E I K U E Q
E E L U N R L J Y G K E L H
L J S Q S I L O J T Y L L T
W P E C T E N E M X M L A U
K U L T U R W G W E A E O C
```

AKADEMI NÅDE
GLEDELIG BEVEGELSE
KUNST MUSIKK
KLASSISK SAMBOER
KROPP HOLDNING
KULTUR RYTME
KULTURELL HOPPE
FØLELSE TRADISJONELL
ØVING VISUELL
UTTRYKKSFULL

35 - Nutrição

```
G  I  F  T  T  Y  T  R  Y  V  S  C  E  G
N  J  S  A  U  S  Q  P  B  I  T  T  E  R
E  Æ  Æ  H  Y  D  B  Y  A  T  Z  J  R  P
H  I  R  R  E  T  C  O  L  A  E  U  P  R
J  S  H  I  I  L  C  Z  A  M  M  S  F  O
W  M  S  U  N  N  S  S  N  I  S  P  O  T
Q  A  S  J  H  G  G  E  S  N  K  I  R  E
U  K  U  O  V  Æ  S  K  E  R  R  S  D  I
D  I  E  T  T  E  J  S  R  G  J  E  Ø  N
I  U  C  K  V  A  L  I  T  E  T  L  Y  E
K  A  L  O  R  I  E  R  Y  O  P  I  E  R
A  P  P  E  T  I  T  T  H  E  F  G  L  W
F  G  C  T  E  R  V  E  K  T  U  F  S  I
X  K  A  R  B  O  H  Y  D  R  A  T  E  R
```

BITTER	SAUS
APPETITT	NÆRINGSSTOFF
KALORIER	VEKT
KARBOHYDRATER	PROTEINER
SPISELIG	KVALITET
DIETT	SMAK
FORDØYELSE	SUNN
BALANSERT	HELSE
GJÆRING	GIFT
VÆSKER	VITAMIN

36 - Disciplinas Científicas

```
S  G  A  A  K  M  Ø  K  O  L  O  G  I  B
O  B  E  N  Z  O  O  L  O  G  I  B  M  O
S  I  R  O  A  T  M  V  P  O  Z  U  M  T
I  O  A  M  L  T  O  C  M  X  B  W  U  A
O  L  Z  N  E  O  O  N  J  X  H  S  N  N
L  O  P  B  S  T  G  M  T  R  L  Q  O  I
O  G  S  J  A  B  E  I  I  N  M  I  L  K
G  I  Y  A  S  T  R  O  N  O  M  I  O  K
I  B  K  S  M  I  N  E  R  A  L  O  G  I
B  I  O  K  J  E  M  I  K  O  K  U  I  P
B  E  L  D  O  F  T  N  J  D  L  S  G  B
S  B  O  M  G  A  R  K  E  O  L  O  G  I
V  Q  G  G  O  K  Q  K  M  T  Z  W  G  A
X  A  I  U  W  F  Y  S  I  O  L  O  G  I
```

ANATOMI	GEOLOGI
ARKEOLOGI	IMMUNOLOGI
ASTRONOMI	METEOROLOGI
BIOLOGI	MINERALOGI
BIOKJEMI	PSYKOLOGI
BOTANIKK	KJEMI
ØKOLOGI	SOSIOLOGI
FYSIOLOGI	ZOOLOGI

37 - Meditação

```
G  R  R  M  G  X  Q  P  W  S  O  J  T  L
A  P  X  Z  R  N  R  A  E  D  B  B  A  K
V  E  N  N  L  I  G  H  E  T  S  A  K  K
H  R  V  Å  K  E  N  J  H  F  E  K  K  M
O  S  B  A  D  U  F  S  L  Ø  R  S  N  E
L  P  N  E  N  A  T  U  R  L  V  E  E  D
D  E  H  A  V  E  D  E  A  E  A  P  M  F
N  K  H  L  F  E  R  K  K  L  S  T  L  Ø
I  T  H  Y  T  G  G  Q  W  S  J  A  I  L
N  I  K  L  A  R  H  E  T  E  O  N  G  E
G  V  M  U  S  I  K  K  L  R  N  K  H  L
U  M  E  N  T  A  L  L  Y  S  U  E  E  S
W  O  T  S  I  N  N  U  N  G  E  R  T  E
F  R  E  D  S  T  I  L  L  H  E  T  D  Z
```

AKSEPT	BEVEGELSE
VÅKEN	MUSIKK
VENNLIGHET	NATUR
KLARHET	OBSERVASJON
MEDFØLELSE	FRED
FØLELSER	TANKER
TAKKNEMLIGHET	PERSPEKTIV
VANER	HOLDNING
MENTAL	STILLHET
SINN	

38 - Gatos

```
U S V G A R N V Z T Z K H Z
H A H I A W D F G B S S G S
J V V M L L M O R S O M T D
T L D H L L N A S S D P J M
B P K A E U Y W Z P O T E U
S F U L K N S Ø V N B F G S
E O L E E M G G F J T T E J
I N X P N M J I K R A M R E
S H G E X Z E L G Q M N Z N
S L K L O Y R W A D O X J E
R N I S R U R R R E M G J R
B D Z M K M I M B M K J W T
K B E H C V G N G S V B S Z
P E R S O N L I G H E T R A
```

LEKEN
JEGER
HALE
NYSGJERRIG
SØVN
MORSOM
GARN
KLO

UAVHENGIG
GAL
MUS
POTE
PELS
PERSONLIGHET
VILL
SJENERT

39 - Artes Visuais

```
S A M M E N S E T N I N G Y
P E R S P E K T I V U E B O
A R K I T E K T U R D Y L J
S T A F F E L I F I L M Y S
F J K H L K L G S C X A K
O X A H V A R E Z P Y B N U
T K R B D K I I V O K S T L
O E T J L K T R H R P D M P
G R I L M O T E R T O S A T
R A S D R G N I Y R A A L U
A M T J N G M G P E N N E R
F I V O P R F U T T P M R U
I K R E A T I V I T E T I M
M K M E S T E R V E R K V D
```

LEIRE	SJABLONG
ARKITEKTUR	FILM
ARTIST	FOTOGRAFI
PENN	KRITT
STAFFELI	BLYANT
VOKS	MESTERVERK
KERAMIKK	PERSPEKTIV
SAMMENSETNING	MALERI
KREATIVITET	PORTRETT
SKULPTUR	LAKK

40 - Instrumentos Musicais

```
M B K W D G O N G F S T T C
A A P E R K U S J O N R R C
N S A K S O F O N N I O O G
D F I O L I N Y G M Q M M K
O A A E M A F R C H J B M Z
L G B G B U R P I A N O E K
I O J F N D N I L R P N G E
N T Q D W M X N N P Y E O T
K T G I Y H A U S E R W L S
D N I B V G C R K P T Y C V
X E T A M B U R I N I T E E
B A A N F U D W T M W L L O
S A R J F L Ø Y T E B P L B
J T R O M P E T O I U A O O
```

MANDOLIN	TAMBURIN
BANJO	PERKUSJON
KLARINETT	PIANO
FAGOTT	SAKSOFON
FLØYTE	TROMME
MUNNSPILL	TROMBONE
GONG	TROMPET
HARPE	GITAR
MARIMBA	FIOLIN
OBO	CELLO

41 - Adjetivos #2

```
N  J  N  O  R  M  A  L  S  A  L  T  O  W
B  Y  A  U  N  A  U  T  E  N  T  I  S  K
E  M  T  V  I  L  L  E  G  S  T  J  P  A
R  K  U  H  X  R  M  N  R  V  R  E  R  K
Ø  E  R  S  A  D  X  D  Q  A  Q  N  O  R
M  C  L  G  K  G  N  Z  R  R  A  D  D  E
T  K  I  S  T  E  R  K  C  L  G  A  U  A
U  C  G  U  T  B  J  O  Q  I  E  Z  K  T
V  Z  Y  N  Ø  O  E  L  E  G  A  N  T  I
A  O  T  N  R  Q  L  G  P  E  O  H  I  V
R  Y  Y  G  R  P  K  T  A  Q  N  W  V  L
M  I  Z  B  E  S  K  R  I  V  E  N  D  E
T  A  M  Q  N  N  V  Y  E  Y  E  J  O  V
I  N  T  E  R  E  S  S  A  N  T  T  B  B
```

AUTENTISK	NY
KREATIV	STOLT
BESKRIVENDE	PRODUKTIV
BEGAVET	REN
ELEGANT	VARMT
BERØMT	ANSVARLIG
STERK	SALT
INTERESSANT	SUNN
NATURLIG	TØRR
NORMAL	VILL

42 - Roupas

```
Y  O  T  R  T  S  K  O  A  X  B  I  H  I
S  A  H  A  L  S  K  J  E  D  E  B  H  I
J  G  D  U  G  M  O  T  E  S  W  B  J  S
S  A  N  D  A  L  E  R  S  K  J  Ø  R  T
A  M  K  G  C  D  R  L  Q  J  U  B  N  V
S  R  W  K  H  A  T  T  F  O  R  K  L  E
O  R  M  G  E  N  S  E  R  R  P  J  K  G
K  A  X  B  U  K  S  E  A  T  Y  E  J  S
K  B  C  B  Å  K  V  L  K  E  J  A  O  Z
E  K  E  B  Q  N  M  E  K  H  A  N  L  L
R  N  K  L  I  Z  D  S  I  O  M  S  E  U
N  E  H  U  T  F  N  Q  B  D  A  D  B  A
H  A  N  S  K  E  R  H  Y  Q  S  O  A  U
N  B  R  E  E  B  I  R  N  T  M  P  K  K
```

FORKLE	HANSKER
BLUSE	SOKKER
BUKSE	MOTE
SKJORTE	PYJAMAS
FRAKK	ARMBÅND
HATT	SKJØRT
BELTE	SANDALER
HALSKJEDE	SKO
JAKKE	GENSER
JEANS	KJOLE

43 - Herbalismo

```
G I Q S D C T J S D D L R J
G U N S T I G I S R J E O F
I K L P O A R O M A T I S K
N V F A E R O D F I H V M H
G A E G V R S A F R A N A N
R L N R J E S M A K G N R K
E I N Ø L Y N I U W E Y I O
D T I N R S Y D L O R S N R
I E K N X G W Y E L F N C I
E T E B L O M S T L E P E A
N P L A N T E S T R A G O N
S E L I B A S I L I K U M D
M A R J O R A M N I B I J E
H V I T L Ø K U J Z G V O R
```

SAFRAN	HAGE
ROSMARIN	LAVENDEL
HVITLØK	BASILIKUM
AROMATISK	MARJORAM
GUNSTIG	PLANTE
KORIANDER	KVALITET
ESTRAGON	SMAK
BLOMST	PERSILLE
FENNIKEL	TIMIAN
INGREDIENS	GRØNN

44 - Frutas

```
M A C Q F C Y N K Q T S B K
J A P K I W I M E F J F J O
W V N R G V B D P Z P E Ø K
B O G G I B E U B Q T R R O
R K M O O K A N A N A S N S
I A S I T R O N N E U K E N
N D O W X X C S A K P E B Ø
G O R C W M E R N T E N Æ T
E E A O J B D X S A P P R T
B N N W G J Æ D C R L A W V
Æ T S P Æ R E R B I E P Q V
R K J T D Z S U N N Y A J G
M P E K I R S E B Æ R Y R U
V G P Q U F F I M V H A I Q
```

AVOKADO	KIWI
ANANAS	ORANSJE
BJØRNEBÆR	SITRON
BÆR	EPLE
BANAN	PAPAYA
KIRSEBÆR	MANGO
KOKOSNØTT	NEKTARIN
APRIKOS	PÆRE
FIG	FERSKEN
BRINGEBÆR	DRUE

45 - Corpo Humano

```
G E K I K D R M E H A L S P
Z G O N O I B Z R J S R Ø A
U T R K S K U L D E R C Y N
H J E R N E K W E R O G E N
K N E M W N G J Z T H X N E
Ø F Y U A L B U E E U O B S
R M W N H Å N D B V D P D P
E V S N R U P U O E E R A E
U A L M P B L O D U I A N X
N E S E T P U Q C S A N K U
R N S Q M X M H G U C D E J
F I N G E R H A K E E Q L Z
B D F N P L A Y Y U R W C R
T F S O M W E Q V Q U I Q S
```

MUNN	ØYE
HODE	SKULDER
HJERNE	ØRE
HJERTE	HUD
ALBUE	BEIN
FINGER	HALS
KNE	HAKE
KJEVE	BLOD
HÅND	PANNE
NESE	ANKEL

46 - Restaurante #1

```
K R Y D R E T D B Y R K K C
N A G D B O L L E S N J Y K
I T S E R V I T Ø R B Ø L J
V X E S S R B R Ø D Z K L Ø
T I A S E R V I E T T K I T
B L F E A R F S Q M U E N T
T Y Q R I G E E M Q E N G A
D M G T B T L R V Z M N C L
I N G R E D I E N S E R Y L
A L L E R G I D S K N R P E
T J E T R Q H T M A F H M R
O H Z M B Z B Z B O U R X K
R E S E R V A S J O N S A E
K A F F E H L U P A Y G B N
```

ALLERGI	INGREDIENSER
KAFFE	MENY
KASSERER	SAUS
KJØTT	BRØD
KJØKKEN	KRYDRET
KNIV	TALLERKEN
KYLLING	RESERVASJON
SERVITØR	DESSERT
SERVIETT	BOLLE

47 - Caminhada

```
K  V  Æ  R  L  R  S  O  L  B  L  T  C  X
L  A  P  P  H  S  T  E  I  N  E  R  A  T
I  N  R  V  I  V  Ø  Z  V  G  P  Ø  M  O
M  N  A  T  U  R  V  Z  I  A  C  T  P  W
A  N  F  P  J  Y  L  T  L  A  M  T  I  Q
V  M  P  A  R  K  E  R  L  N  N  Y  N  D
T  U  N  G  R  B  R  F  R  W  N  Q  G  E
F  J  E  L  L  E  D  Y  R  F  W  Z  Q  G
B  T  W  P  H  H  R  J  G  K  P  X  R  P
F  O  R  B  E  R  E  D  E  L  S  E  B  Y
S  X  R  V  E  O  J  L  H  P  Z  N  N  K
J  L  W  G  R  T  U  T  K  L  I  P  P  E
O  R  I  E  N  T  E  R  I  N  G  B  G  B
H  W  P  E  J  V  I  M  D  P  P  V  Y  U
```

CAMPING	ORIENTERING
DYR	PARKER
VANN	STEINER
STØVLER	KLIPPE
TRØTT	FARER
KLIMA	TUNG
KART	FORBEREDELSE
FJELL	VILL
MYGG	SOL
NATUR	VÆR

48 - Água

```
H D H D P O T S X N C J E F
Y B F W X R J B T I D W Y O
A I Y S F I R U U H L I R H
R Y M Q T G X T V Q X R J Y
O R N W N I Q G S J D B V T
I R D U S J S N Ø K X I N G
F U K T I G H E T J W H P E
C C I A Q F R O S T B A Q Y
R V A N N I N G Y E L V X S
W W K A N A L F L O M B R I
I N M O N S U N L M G H E R
C C K X L M J F B A C Y G E
D A M P A H B Ø L G E R N I
F O R D A M P N I N G H R S
```

KANAL	VANNING
REGN	INNSJØ
DUSJ	MONSUN
FORDAMPNING	SNØ
ORKAN	HAV
FROST	BØLGER
IS	ELV
GEYSIR	FUKTIGHET
FLOM	DAMP

49 - Sons

```
O W N K M K S H O S T E H W
C X N L U Q T V L Q P U S G
S T V O N V Ø I X G X Y T F
G Z K K N F Y S I R E N E R
R Y Z K Y Y E K L A P P M X
B E C E P F N E H E K O M V
K F S U T E D F L Ø Y T E I
N O U O M X E H A Z Y D R B
E K N W N G C X F P Y T W R
K I K S O A A H S T Ø N N A
K Q O P E U N K O R F V I S
O E J I U R G S K V J H I J
J W P U L A T T E R X C A O
R E P E T E R E N D E R A N
```

HØYT
FLØYTE
KLAPP
KONSERT
KOR
EKKO
STØNN
REPETERENDE
RESONANS

LATTER
STØYENDE
KLOKKE
SIRENER
HVISKE
HOSTE
VIBRASJON
STEMMER

50 - Ecologia

```
K  B  O  V  E  R  L  E  V  E  L  S  E  F
L  Æ  Y  E  P  M  M  A  R  I  N  E  Y  J
I  R  H  A  H  A  B  I  T  A  T  X  I  E
M  E  C  L  B  N  V  I  A  Z  C  B  C  L
A  K  A  R  T  G  L  O  B  A  L  Q  N  L
T  R  L  S  V  F  L  O  R  A  T  R  A  X
N  A  S  J  D  O  A  N  L  G  U  Q  T  H
L  F  A  E  T  L  P  U  A  S  R  R  U  R
L  T  M  Y  R  D  C  L  N  T  K  T  R  D
J  I  F  B  M  V  D  J  A  A  U  Ø  L  G
O  G  U  Z  N  M  K  C  N  N  F  R  I  L
I  F  N  L  E  X  M  B  G  O  T  K  G  V
T  J  N  G  R  E  S  S  U  R  S  E  R  L
V  E  G  E  T  A  S  J  O  N  W  M  R  T
```

KLIMA	NATURLIG
SAMFUNN	NATUR
MANGFOLD	MYR
ART	PLANTER
FAUNA	RESSURSER
FLORA	TØRKE
GLOBAL	OVERLEVELSE
HABITAT	BÆREKRAFTIG
MARINE	VEGETASJON
FJELL	

51 - Família

```
N K I M O R M L V F A C B L
B E S O D T K Z J A A D A P
A A E R R A S E H D O R R F
R O R S S N E V Ø E N L N E
N Q D N D T U N C R K B E K
G X I S D E M T R L E E B T
D P S G S O P Y A I L S A E
K D X S Ø T M T V G L T R M
F A C F S Q A N I E S E N A
K T R R T U A M P D O M Q N
O T Y B E S T E F A R O P N
N E T V R B R O R A J R E C
E R E J X F E T T E R E L T
M Q D S W Z R S U L V M M I
```

STAMFAR	MORS
BESTEMOR	MOR
BESTEFAR	BARNEBARN
BARN	FAR
KONE	FADERLIG
DATTER	FETTER
BARNDOM	NIESE
SØSTER	NEVØ
BROR	TANTE
EKTEMANN	ONKEL

52 - Férias #2

```
Ø  F  R  I  T  I  D  N  U  P  N  Q  B  H
Y  D  E  L  K  L  F  A  H  R  I  U  I  O
A  E  S  F  J  E  L  L  A  S  C  T  L  T
V  S  T  C  Y  T  Y  R  V  T  B  L  D  E
I  T  A  R  V  T  P  F  E  R  I  E  E  L
S  I  U  H  A  Q  L  M  J  A  U  N  R  L
U  N  R  K  O  N  A  T  T  N  C  D  W  G
M  A  A  X  R  Y  S  J  A  D  J  I  I  Y
Q  S  N  P  F  V  S  P  A  X  P  N  C  X
D  J  T  F  V  O  E  A  O  O  I  G  Z  R
V  O  K  A  R  T  N  S  M  R  T  E  L  T
H  N  R  D  F  J  Z  S  Z  N  T  K  K  E
S  G  R  R  E  I  S  E  K  W  L  Y  Q  D
R  E  S  E  R  V  A  S  J  O  N  E  R  M
```

FLYPLASSEN	FJELL
DESTINASJON	PASS
UTLENDING	STRAND
FERIE	RESERVASJONER
BILDER	RESTAURANT
HOTELL	TAXI
ØY	TELT
FRITID	TRANSPORT
KART	REISE
HAV	VISUM

53 - Edifícios

```
D  T  M  I  P  V  U  S  A  H  J  T  M  O
Z  G  K  U  C  G  O  K  M  O  Y  E  B  B
K  I  N  O  S  Q  O  O  B  T  G  A  Z  S
U  Q  H  N  N  E  E  L  A  E  S  T  M  E
L  Å  V  E  C  L  U  E  S  L  E  E  L  R
S  E  N  K  N  Z  B  M  S  L  I  R  D  V
S  Y  I  M  P  G  S  T  A  D  I  O  N  A
L  E  K  L  O  C  D  D  D  A  V  I  G  T
O  G  T  E  I  X  D  P  E  B  L  J  W  O
T  Å  R  N  H  G  G  A  R  A  S  J  E  R
T  R  Z  V  H  U  H  K  P  E  G  Q  N  I
N  D  Q  A  O  V  S  E  I  L  N  B  U  U
F  A  B  R  I  K  K  I  T  E  L  T  Q  M
L  A  B  O  R  A  T  O  R  I  U  M  O  S
```

LEILIGHET	GARASJE
SLOTT	SYKEHUS
LÅVE	HOTELL
KINO	LABORATORIUM
AMBASSADE	MUSEUM
SKOLE	OBSERVATORIUM
STADION	TEATER
GÅRD	TELT
FABRIKK	TÅRN

54 - Ferramentas de Cozinha

```
J  P  B  R  B  Q  D  U  M  R  B  S  D  B
X  O  U  L  I  B  P  K  Z  T  V  T  Ø  R
V  E  N  U  E  V  N  J  U  I  C  E  R  Ø
D  P  M  N  Y  N  J  P  I  F  T  K  S  D
S  K  N  I  V  B  D  E  Q  E  N  E  L  R
K  A  O  O  V  N  N  E  R  P  Z  S  A  I
J  L  K  O  M  F  Y  R  R  N  G  P  G  S
E  B  E  S  T  I  K  K  M  A  A  A  Z  T
K  J  Ø  L  E  S  K  A  P  A  F  D  J  E
Z  H  V  O  F  H  L  A  I  Q  F  E  K  R
W  V  S  K  T  E  R  M  O  M  E  T  E  R
C  G  H  K  T  S  P  L  K  Y  L  I  B  E
K  J  E  L  E  O  Q  C  S  T  O  G  H  D
P  Q  B  O  B  W  T  S  W  I  G  S  Y  K
```

KJELE	KJØLESKAP
DØRSLAG	BLENDER
SKJE	RIVJERN
STEKESPADE	BESTIKK
JUICER	LOKK
KNIV	TERMOMETER
KOMFYR	SAKS
OVN	BRØDRISTER
GAFFEL	

55 - Xadrez

```
H  Q  J  Q  D  D  S  X  K  O  N  G  E  M
V  L  T  N  I  U  R  E  G  L  E  R  X  O
I  J  S  A  A  D  I  O  N  Y  B  T  E  T
T  X  M  S  G  D  F  R  N  F  U  K  A  S
W  U  Z  P  O  P  A  U  G  N  I  I  E  T
T  R  O  I  N  M  A  R  E  X  I  T  G  A
A  I  D  L  A  N  M  S  U  J  K  N  L  N
W  S  D  L  L  M  C  I  S  M  Q  K  G  D
P  U  M  E  S  T  E  R  V  I  Q  S  M  E
T  W  E  R  F  E  G  Z  R  T  V  L  H  R
S  T  R  A  T  E  G  I  A  F  C  O  O  E
S  P  I  L  L  Z  X  G  S  V  A  R  T  U
P  O  E  N  G  Y  Y  X  T  O  F  F  E  R
K  O  N  K  U  R  R  A  N  S  E  I  Y  E
```

HVIT	PASSIV
MESTER	POENG
KONKURRANSE	SVART
DIAGONAL	DRONNING
STRATEGI	REGLER
SPILLER	KONGE
SPILL	OFFER
MOTSTANDER	TID

56 - Aventura

```
D E S T I N A S J O N Z Z R
Q C E J F A K T I V I T E T
R A S J N A V I G A S J O N
E F O R B E R E D E L S E W
I N A Q L E G L E D E I U U
S U T F O R D R I N G E R K
E V Y U V A N L I G K Z I V
R N E U S S I K K E R H E T
U A E N K I M U L I G H E T
T T S I N B A X N I F A S H
E U H S V E W S Y E Z P P V
T R N N L B R A M J X A O W
S K J Ø N N H E T E J C I A
V A N S K E L I G H E T V E
```

GLEDE   REISERUTE
VENNER   NATUR
AKTIVITET   NAVIGASJON
SKJØNNHET   NY
UTFORDRINGER   MULIGHET
DESTINASJON   FARLIG
VANSKELIGHET   FORBEREDELSE
ENTUSIASME   SIKKERHET
UVANLIG

57 - Surf

```
R  K  B  I  H  M  Z  P  J  X  R  I  M  L
M  B  Ø  M  P  G  I  V  Z  E  B  T  A  S
F  O  L  K  E  M  E  N  G  D  E  R  G  S
S  N  G  T  N  S  L  E  K  S  T  R  E  M
K  Y  E  D  K  A  T  L  E  T  P  V  L  V
U  B  G  M  H  A  V  E  H  R  F  T  Y  Æ
M  E  C  N  A  O  W  B  R  A  P  I  S  R
H  G  K  S  S  P  B  S  G  N  O  M  O  T
J  Y  P  D  T  S  G  T  T  D  P  X  P  Y
O  N  F  M  I  H  E  Y  W  I  U  E  O  M
P  N  X  S  G  H  B  R  R  G  L  A  L  P
T  E  E  G  H  Z  Q  K  Z  M  Æ  D  I  T
S  R  R  N  E  K  X  E  M  T  R  Q  K  C
T  N  L  N  T  K  G  I  F  T  X  T  D  U
```

ATLET	HAV
MESTER	BØLGE
SKUM	POPULÆR
STIL	STRAND
MAGE	NYBEGYNNER
EKSTREM	HASTIGHET
STYRKE	REV
FOLKEMENGDER	VÆR

58 - Floresta Tropical

```
S  K  Y  E  R  E  S  P  E  K  T  F  I  O
M  S  A  M  F  U  N  N  E  T  X  P  D  V
V  W  I  B  E  V  A  R  I  N  G  C  K  E
E  I  N  M  F  U  G  L  E  R  X  O  L  R
R  E  S  T  A  U  R  E  R  I  N  G  I  L
D  U  E  J  U  N  G  E  L  A  I  B  M  E
I  E  K  Y  R  A  G  K  P  Y  R  O  A  V
F  G  T  T  F  T  I  F  M  J  N  T  N  E
U  Q  E  S  O  U  L  I  O  B  U  A  K  L
L  Q  R  E  L  R  I  D  U  L  C  N  I  S
L  A  O  S  K  M  O  S  E  R  D  I  Y  E
P  A  T  T  E  D  Y  R  N  P  T  S  H  X
U  A  M  F  I  B  I  E  R  S  W  K  D  C
U  T  I  L  F  L  U  K  T  P  P  Z  D  R
```

AMFIBIER	NATUR
BOTANISK	SKYER
KLIMA	FUGLER
SAMFUNNET	BEVARING
MANGFOLD	TILFLUKT
ART	RESPEKT
URFOLK	RESTAURERING
INSEKTER	JUNGEL
PATTEDYR	OVERLEVELSE
MOSE	VERDIFULL

59 - Cidade

```
M R E S T A U R A N T X R D
T A B C E W O B A K E R I W
K M R I A P O O Y S B J O N
I U P K T H H K Y J K Z Z G
N S W O E K E H Q D F K H F
O E J Q R D G A L L E R I L
I U K W U T K N P I Y I T Y
H M B S S T A D I O N V S P
F O C S K O L E J T T L R L
I O T Q B I B L I O T E K A
B A W E D Y R E H A G E K S
A X Z R L K L I N I K K E S
N C D S A L O N G V W Y E E
K S U P E R M A R K E D M N
```

FLYPLASSEN	DYREHAGE
BANK	BOKHANDEL
BIBLIOTEK	MARKED
KINO	MUSEUM
KLINIKK	BAKERI
SKOLE	RESTAURANT
STADION	SALONG
APOTEK	SUPERMARKED
GALLERI	TEATER
HOTELL	

60 - Matemática

```
R  P  A  R  A  L  L  E  L  L  W  D  D  P
B  A  R  I  T  M  E  T  I  K  K  T  I  B
R  T  D  V  X  P  L  P  Q  K  X  T  V  G
Ø  O  B  I  K  G  O  D  N  H  I  M  I  L
K  R  U  N  U  M  B  L  B  N  S  X  S  I
D  G  V  K  J  S  T  B  Y  S  U  M  J  G
E  E  M  L  W  F  T  R  D  G  B  E  O  N
L  T  X  E  K  Æ  G  B  E  Z  O  R  N  I
R  R  S  R  W  R  B  U  S  K  L  N  Z  N
G  G  E  O  M  E  T  R  I  H  A  K  B  G
O  M  K  R  E  T  S  F  M  C  E  N  L  R
D  I  A  M  E  T  E  R  A  P  N  U  T  I
R  E  K  T  A  N  G  E  L  V  O  L  U  M
E  K  S  P  O  N  E  N  T  K  N  F  T  P
```

ARITMETIKK	GEOMETRI
VINKLER	PARALLELL
OMKRETS	POLYGON
DESIMAL	TORGET
DIAMETER	RADIUS
DIVISJON	REKTANGEL
LIGNING	SUM
SFÆRE	TREKANT
EKSPONENT	VOLUM
BRØKDEL	

61 - Natureza

```
J  H  A  K  S  C  V  H  A  D  D  Y  R  L
S  E  E  S  U  K  X  W  H  Y  E  P  F  P
F  K  R  L  Y  U  S  H  U  N  S  O  Y  F
B  T  J  O  L  O  K  P  V  A  F  L  V  U
W  K  W  Ø  S  I  O  F  G  M  R  Q  C  I
W  Q  D  J  N  J  G  X  B  I  E  R  V  S
O  S  K  S  W  N  O  D  Z  S  D  S  L  B
P  C  L  H  Y  R  H  N  O  K  E  K  T  R
F  R  Ø  Y  Z  X  E  E  F  M  L  Y  Å  E
G  O  V  I  L  L  O  C  T  H  I  E  K  V
E  L  V  Ø  R  K  E  N  P  A  G  R  E  X
O  I  E  A  R  K  T  I  S  K  H  D  X  A
Z  G  R  X  V  I  K  T  I  G  G  Z  S  B
J  V  K  T  R  O  P  I  S  K  O  S  R  U
```

BIER	ISBRE
LY	TÅKE
DYR	SKYER
ARKTISK	FREDELIG
SKJØNNHET	ELV
ØRKEN	HELLIGDOM
DYNAMISK	VILL
EROSJON	ROLIG
SKOG	TROPISK
LØVVERK	VIKTIG

62 - Preencher

```
P A K K E K O N V O L U T T
G J O J X Y Z M M W Z S E O
T G F O H B M X F L J Q G K
Q V F C W S G A B L B H A S
P H E F S L I E T H A E S U
X N R B R E T T F Y T S F F
L X T N Q B A S S E N G K Z
U O E S K E Ø A M G K S U E
S D M A L G S T V V R Ø R V
O P A M A B K L T P U S V B
L D P T E E U Y V E K F A T
S T P O S E F Q T V K H S S
Q S E P O B F D Z E E X E N
O V G I U F Z M K M C T D V
```

BASSENG	SKUFF
BØTTE	KRUKKE
BRETT	KOFFERT
FAT	PAKKE
LOMME	MAPPE
ESKE	POSE
KURV	RØR
KONVOLUTT	VASE
FLASKE	

63 - Animais de Estimação

```
L V E T E R I N Æ R K Q A T
D S R T T O B L O G J H H T
R U F X J Q Z M G Z C J U T
G S D N A F U U I Y D K S B
V A N N F H I S R W G G K Y
K A N I N U H S H U Z K I H
U K L A I N A K K P Ø G L E
V I T P F D L E A A M E P N
L M K E A J E U T P T I A N
K L Ø R H A M S T E R T D C
R X O Z P N X S U G A I D U
A K Y A X D H C N Ø Z S E W
G O X Y G C J O G Y P V J O
E W S J F N T Y E E O M F T
```

VANN	KATT
GEIT	HAMSTER
VALP	ØGLE
HALE	MUS
HUND	PAPEGØYE
KANIN	FISK
KRAGE	SKILPADDE
KLØR	KU
KATTUNGE	VETERINÆR

64 - Escalada

```
I  J  Z  N  D  J  H  A  N  S  K  E  R  S
T  E  R  R  E  N  G  N  I  B  I  F  F  T
L  P  V  I  I  B  W  R  J  S  O  U  S  A
N  Y  S  G  J  E  R  R  I  G  H  E  T  B
A  T  M  O  S  F  Æ  R  E  H  N  V  Y  I
Q  F  R  X  S  I  A  Y  J  N  U  D  R  L
Y  W  O  E  K  S  P  E  R  T  S  L  K  I
P  Y  Y  S  W  B  F  D  F  T  B  E  T
H  Y  D  X  T  K  A  R  T  Y  Ø  Y  F  E
T  J  T  H  S  U  T  E  A  S  V  P  H  T
Z  Z  E  E  T  W  R  S  U  I  L  Y  Ø  Z
B  P  V  L  N  I  L  E  C  S  E  F  Y  K
I  Y  D  S  M  A  L  A  R  K  R  X  D  W
U  T  F  O  R  D  R  I  N  G  E  R  E  O
```

HØYDE	EKSPERT
ATMOSFÆRE	STABILITET
STØVLER	SMAL
FOTTURER	FYSISK
HJELM	STYRKE
HULE	HANSKER
NYSGJERRIGHET	KART
UTFORDRINGER	TERRENG

65 - Aviões

```
L  H  V  M  K  T  B  L  Z  L  R  K  R  P
P  A  O  H  P  E  S  R  R  W  F  L  H  A
Z  M  N  Y  J  U  I  E  E  G  U  U  B  S
O  H  W  D  H  S  B  V  T  N  D  G  F  S
Y  C  Q  R  I  O  G  E  N  G  S  L  Y  A
V  Æ  R  O  M  N  I  N  I  G  V  E  Y  S
P  H  R  G  M  O  G  T  N  S  I  L  L  J
B  I  T  E  E  E  N  Y  G  D  X  B  Q  E
A  S  L  N  L  V  W  R  M  O  T  O  R  R
L  T  U  O  A  T  M  O  S  F  Æ  R  E  O
L  O  F  F  T  M  A  N  N  S  K  A  P  H
O  R  T  H  Ø  Y  D  E  J  K  J  Y  W  V
N  I  N  A  V  I  G  E  R  E  N  U  J  D
G  E  K  O  N  S  T  R  U  K  S  J  O  N
```

HØYDE	RETNING
LUFT	HYDROGEN
LANDING	HISTORIE
ATMOSFÆRE	MOTOR
EVENTYR	NAVIGERE
BALLONG	PASSASJER
HIMMEL	PILOT
BRENSEL	VÆR
KONSTRUKSJON	MANNSKAP

66 - Tipos de Cabelo

```
T Y N N J E N W Q Z B M X A
Q Y S K I N N E N D E G R Å
J K K H Y W U F H P H C F J
G E L K V L P O W A W S L R
S V A R T F A R G E T U E A
W T E S U H K N I B G N T X
K Ø I H J M M L G Ø H N T Y
B R U N V D Y S Ø L V I E C
K R Ø L L E R K F G I S R G
W U C J P F Z A W E T Q N K
H L G A I R F L E T T E T V
K R Ø L L E T L K E N U M U
Y X O X J D Q E B L O N D V
G R J F A C M T Y Y W T C T
```

HVIT	LANG
SKINNENDE	BRUN
KRØLLER	BØLGETE
SKALLET	SØLV
GRÅ	SVART
FARGET	SUNN
KRØLLET	TØRR
TYNN	MYK
TYKK	FLETTET
BLOND	FLETTER

67 - Formas

```
P E A S B X O L Z I W X U A
R O K I I E P B S J K N V R
S Y L I N D E R X C W O K E
K G V Y I M E S I R K E L K
L T O R G E T Z J B U E M T
N X O K N O Y S N K B G H A
H J Ø R N E N D F X E Z Y N
P Y R A M I D E J Æ S Q P G
P R I S M E W L N Q R Y E E
K U R V E J L L U Z X E R L
E L L I P S E I O V A L B T
T R E K A N T N S O F O O Y
I N Z Z U Y K J E G L E L O
O D Y Q Y R J E T M Q P A I
```

BUE   SIDE
HJØRNE   LINJE
SYLINDER   OVAL
SIRKEL   PYRAMIDE
KJEGLE   POLYGON
KUBE   PRISME
KURVE   TORGET
ELLIPSE   REKTANGEL
SFÆRE   TREKANT
HYPERBOLA

68 - Dias e Meses

```
R M A N D A G E D R O S T J
J X T O T U S Q E A K E T A
U A F V I M E N S P T P D N
L K R E R C D R E R O T U U
I M E M S S P K M I B E T A
Z E D B D A Y A B L E M F R
U C A E A S F L E L R B E U
Z Z G R G Z Ø E R Ø P E B S
A U G U S T E N L R U R R A
Q E D H H G K D D D Z D U D
M H C H M Å N E D A Å I A T
T O R S D A G R T G G R R H
Q J U N I Q M A P C N K P C
A Z K X O O G P Y F H J W Q
```

APRIL	MÅNED
AUGUST	NOVEMBER
ÅR	OKTOBER
KALENDER	TORSDAG
DESEMBER	LØRDAG
SØNDAG	MANDAG
FEBRUAR	UKE
JANUAR	SEPTEMBER
JULI	FREDAG
JUNI	TIRSDAG

69 - Geografia

```
J C O S Z S C J I A V W E V
B L O H A L V K U L E L L E
T W O Ø K L Q D F C R M B S
Y A B Y F E C N K L D E R T
L A N D J N S N O J E R E J
J N O E E G Ø Y H R N I D O
G D I K L D R F N O D D D A
P R S J L E E E Q H K I E Y
T B Z O I G G P I A D A G A
A U H L E R I G X V M N R A
I T X B H A O S W C V X A T
C H L S O D N M R D Z B D I
E L V A K O N T I N E N T R
W N G M S W I P T U H F R V
```

HØYDE	MERIDIAN
ATLAS	FJELL
BY	VERDEN
KONTINENT	NORD
HALVKULE	VEST
ØY	LAND
BREDDEGRAD	REGION
LENGDEGRAD	ELV
KART	SØR
HAV	

70 - Antártica

```
E  K  S  P  E  D  I  S  J  O  N  P  S  K
G  N  J  R  O  R  S  N  U  B  B  I  T  O
T  E  M  P  E  R  A  T  U  R  U  N  E  N
M  F  O  R  S  K  E  R  N  G  K  G  I  T
I  C  B  G  H  O  E  E  W  C  T  V  N  I
N  A  V  J  R  F  B  A  A  M  S  I  E  N
E  M  I  G  R  A  S  J  O  N  Ø  N  T  E
R  W  I  S  R  S  F  V  I  Q  Y  E  E  N
A  A  S  L  C  O  H  I  V  C  E  R  I  T
L  G  B  E  J  L  Q  A  E  P  R  C  G  H
E  Q  R  I  D  Ø  H  W  L  R  J  I  G  O
R  B  E  V  A  R  I  N  G  V  A  N  N  V
J  J  E  T  Z  Q  K  D  L  B  Ø  V  I  K
Z  D  R  J  A  X  U  S  Z  J  Y  Y  B  A
```

MILJØ	GEOGRAFI
VANN	ØYER
BUKT	FORSKER
BEVARING	MIGRASJON
KONTINENT	MINERALER
VIK	HALVØY
EKSPEDISJON	PINGVINER
ISBREER	STEINETE
IS	TEMPERATUR

71 - Flores

```
Y  J  B  E  G  M  L  I  L  L  A  D  U  N
V  A  U  I  A  J  A  Ø  I  W  W  J  Z  H
P  P  K  Z  R  U  O  G  V  A  L  M  U  E
L  I  E  F  D  J  V  D  N  E  K  H  T  B
U  R  T  O  E  W  J  B  E  O  T  T  J  K
M  J  T  J  N  T  E  S  X  T  L  A  M  R
E  I  R  H  I  B  I  S  K  U  S  I  N  O
R  O  S  E  A  K  M  O  P  S  J  W  A  N
I  R  P  G  B  L  I  L  J  E  A  A  B  B
A  K  C  Y  T  Ø  K  S  L  N  S  B  R  L
C  I  M  H  F  V  V  I  A  F  M  R  J  A
Q  D  W  I  B  E  Y  K  D  R  I  V  C  D
P  É  L  O  C  R  O  K  D  Y  N  J  M  U
Z  T  G  N  L  A  V  E  N  D  E  L  W  U
```

BUKETT	MAGNOLIA
LØVETANN	TUSENFRYD
GARDENIA	ORKIDÉ
SOLSIKKE	VALMUE
HIBISKUS	PEON
SJASMIN	KRONBLAD
LAVENDEL	PLUMERIA
LILLA	ROSE
LILJE	KLØVER

72 - Fazenda #1

```
T M R T J K A L V W Q K A G
R A U Q G G Y F G X C I E E
X G J E R D E L L M I D G I
W Q L Q I G V Q L Z P G L T
Y P Y W S T F I B I Q R Q R
S D N H R M S R A P N F N W
W G V Ø K Y X X K E U G T X
M F C Y Y H O N N I N G K U
F K E V K U H L Z T R K P K
L U S L A N D B R U K S N X
O H E S T D G I P I V A N N
K C L Z T Y W E B R S K Y W
K G J Ø D S E L D Y C J G R
K R Å K E V K U N Y Q Z G X
```

BIE	GJERDE
LANDBRUK	KRÅKE
RIS	HØY
VANN	GJØDSEL
KALV	KYLLING
ESEL	KATT
GEIT	HONNING
FELT	GRIS
HEST	FLOKK
HUND	KU

73 - Livros

```
S  D  J  N  J  J  U  E  Q  L  F  O  H  G
Y  K  O  N  T  E  K  S  T  I  O  P  I  Q
R  E  R  S  K  X  E  X  F  T  R  P  S  Z
S  P  O  E  S  I  Q  E  Q  T  T  F  T  Q
L  I  Q  R  V  R  W  A  O  E  E  I  O  E
J  S  D  I  S  E  O  M  G  R  L  N  R  V
M  K  Z  E  A  J  T  M  G  Æ  L  N  I  E
D  I  K  T  M  T  R  I  A  R  E  S  S  N
F  Y  W  Q  L  D  Q  H  A  N  R  O  K  T
Y  U  J  H  I  S  T  O  R  I  E  M  Q  Y
G  N  A  X  N  F  O  R  F  A  T  T  E  R
N  W  L  V  G  A  K  T  U  E  L  L  H  J
L  E  S  E  R  D  U  A  L  I  T  E  T  U
T  R  A  G  I  S  K  K  R  S  W  D  X  B
```

FORFATTER	LESER
EVENTYR	LITTERÆR
SAMLING	FORTELLER
KONTEKST	SIDE
DUALITET	DIKT
SKREVET	POESI
EPISK	AKTUELL
HISTORIE	ROMAN
HISTORISK	SERIE
OPPFINNSOM	TRAGISK

74 - Chocolate

```
A  K  V  A  L  I  T  E  T  D  M  W  I  A
N  W  T  H  S  W  A  D  S  X  P  O  N  R
T  L  O  H  U  M  F  Z  S  A  W  O  G  T
I  B  L  G  K  W  A  G  C  Q  C  C  R  I
O  B  W  K  K  G  R  K  P  H  D  F  E  S
K  C  I  P  E  A  N  Ø  T  T  E  R  D  A
S  D  K  T  R  L  L  D  U  V  M  X  I  N
I  E  A  A  T  S  C  X  K  T  Y  G  E  A
D  I  K  Z  J  E  Ø  L  N  F  T  K  N  L
A  L  A  U  I  C  R  T  A  M  Z  C  S  P
N  I  O  E  G  W  K  A  R  A  M  E  L  L
T  G  T  N  M  F  A  V  O  R  I  T  T  G
K  A  L  O  R  I  E  R  M  P  V  Z  H  T
E  K  S  O  T  I  S  K  A  T  G  A  W  V
```

SUKKER	KARAMELL
BITTER	DEILIG
PEANØTTER	SØT
ANTIOKSIDANT	EKSOTISK
AROMA	FAVORITT
ARTISANAL	SMAK
KAKAO	INGREDIENS
KALORIER	KVALITET

75 - Profissões #2

```
F  L  X  B  C  J  T  A  N  N  L  E  G  E
O  E  I  O  I  A  A  A  I  P  Æ  L  B  B
T  G  D  N  F  B  N  P  M  Q  R  C  A  I
O  E  R  D  G  R  L  K  J  M  E  A  E  O
G  F  E  E  W  V  L  I  D  T  R  X  D  L
R  X  B  N  P  P  I  L  O  T  U  E  S  O
A  Z  Y  T  B  H  M  S  C  T  I  Y  E  G
F  D  G  F  P  G  A  R  T  N  E  R  B  I
O  W  J  K  F  I  L  O  S  O  F  K  M  J
R  R  Y  I  I  Z  O  O  L  O  G  O  A  T
S  S  A  S  T  R  O  N  A  U  T  F  L  R
K  T  R  B  Z  S  U  H  Y  Q  H  E  E  O
E  I  L  L  U  S  T  R  A  T  Ø  R  R  F
R  D  Z  N  T  I  I  N  G  E  N  I  Ø  R
```

BONDE	ILLUSTRATØR
ASTRONAUT	FORSKER
BIBLIOTEKAR	GARTNER
BIOLOG	LINGVIST
KIRURG	LEGE
TANNLEGE	PILOT
INGENIØR	MALER
FILOSOF	LÆRER
FOTOGRAF	ZOOLOG

76 - Fazenda #2

```
Z  U  K  K  V  K  A  H  Q  U  M  H  H  T
C  A  C  A  A  K  F  S  R  F  F  R  Y  E
V  O  R  K  N  B  L  A  M  E  N  S  R  W
Y  C  V  L  N  I  P  T  W  I  N  A  D  S
L  A  M  A  I  K  S  L  Å  V  E  U  E  I
H  S  E  X  N  U  G  R  Ø  N  N  S  A  K
E  B  L  X  G  B  Y  G  G  F  M  K  I  H
Z  N  K  B  X  E  P  T  F  K  M  Y  Q  V
N  S  G  A  N  D  Y  R  R  B  O  N  D  E
M  O  D  E  N  R  L  G  U  A  M  R  L  T
Y  K  N  Z  X  K  H  E  K  X  K  A  N  E
R  W  B  C  A  S  R  Z  T  M  Q  T  Q  F
C  M  A  M  I  U  J  T  Z  O  E  X  O  T
F  R  U  K  T  H  A  G  E  F  D  B  N  R
```

BONDE	MODEN
DYR	KORN
LÅVE	SAU
BYGG	HYRDE
BIKUBE	AND
LAM	FRUKTHAGE
FRUKT	ENG
VANNING	TRAKTOR
MELK	HVETE
LAMA	GRØNNSAK

77 - Jardim

```
B U S K X U D W T H K N T T
V E R A N D A J M A Y U K R
V I N T R E E T X G R F O A
G X S K X H I S H E F Y B M
H E N G E K Ø Y E T T R E P
G M F R U K T H A G E Z K O
Y C R E P M G F O W R K L L
R C P S N L J O R D R A Y I
B H R S G A E O U S A T K N
L S G L L W R N H D S E O E
O P W A G A D X B C S B A P
M A T N B Z E H C K E Q E T
S D J G A R A S J E D A M P
T E E E B N S V D O Y Y P I
```

RAKE
BUSK
TRE
BENK
GJERDE
BLOMST
GARASJE
GRESS
PLEN
HAGE

DAM
HENGEKØYE
SLANGE
SPADE
FRUKTHAGE
JORD
TERRASSE
TRAMPOLINE
VERANDA
VINTREET

78 - Oceano

```
W N L S F F B Z K O R A L L
K O D N Q H B J G Y S X H F
B P I O Z U T Q B C F B Å T
G C L U R L Y Q W Å L O K
S Ø S T E R S B Ø L G E R Y
K R A B B E T M M D G K E R
I R L T D K J H A I I K W G
L E T O I E T U N F I S K S
P V P R X D L L E I X P Q T
A E A M J S E F T S H R C O
D A A U N H V V I K Z U T R
D L F Z C V M A A N F T B M
E C O B C A H R M N G Q Z R
V S W X W L J B J P N K L A
```

TUNFISK	MANET
HVAL	BØLGER
BÅT	ØSTERS
REKE	FISK
KRABBE	BLEKKSPRUT
KORALL	REV
ÅL	SALT
SVAMP	SKILPADDE
DELFIN	STORM
TIDEVANN	HAI

79 - Profissões #1

```
P G A O P C J P B B Q N M G
I R U R U D J A A R Y H U A
A V Ø L H A I Z N A T S S S
N I A R L N P R K N M Y I T
I K G E L S R X I N U K K R
S U T D P E M W E M K E E O
T N P A C R G E R A A P R N
P S Y K O L O G D N R L S O
J T G T H J B Y E N T E J M
E N A Ø S H R N V R O I Ø W
G E R R Q W D D W V G E M G
E R G E O L O G G A R R A N
R X Z G X A D V O K A T N Z
A M B A S S A D Ø R F L N P
```

ADVOKAT   AMBASSADØR
KUNSTNER   RØRLEGGER
ASTRONOM   SYKEPLEIER
BANKIER   GEOLOG
BRANNMANN   GULLSMED
JEGER   SJØMANN
KARTOGRAF   MUSIKER
DANSER   PIANIST
REDAKTØR   PSYKOLOG

80 - Campeonato

```
D  P  G  U  D  U  R  D  W  J  A  S  T  H
H  Ø  N  W  Y  T  E  L  S  E  U  T  R  L
N  T  M  G  C  H  T  T  I  Y  H  R  E  Z
M  U  O  M  S  O  F  W  Z  G  A  A  N  E
E  R  T  M  E  L  S  I  G  N  A  T  E  F
S  N  I  E  I  D  L  Y  N  S  S  E  R  K
T  E  V  S  E  E  S  W  Q  A  P  G  V  S
E  R  A  T  R  N  A  X  X  Q  L  I  T  P
R  I  S  E  X  H  O  S  C  I  I  I  V  O
S  N  J  R  D  E  J  Y  H  U  S  R  S  R
K  G  O  P  R  T  N  L  X  Y  S  G  P  T
A  E  N  M  E  D  A  L  J  E  F  Y  I  G
P  T  E  A  M  N  U  Z  Y  S  K  I  L  Q
T  H  A  V  C  H  H  M  J  O  F  J  L  G
```

MESTER	DØMME
MESTERSKAP	LIGA
YTELSE	MEDALJE
TEAM	MOTIVASJON
SPORT	UTHOLDENHET
STRATEGI	TURNERING
FINALIST	TRENER
SPILL	SEIER

81 - Castelos

```
P E D B Y H V K Z O J L K Q
D R C C B R H E W K R F A R
W W I L X V P T G T P I T Y
D L Z N T V I D I G A X A D
X U D I S I J E B C L B P D
O U K J D M O V S P A Q U D
L F B D A P W L P R S F L Y
S V E R D E D E L I S K T N
M N R X D R A G E N K R R A
R U S T N I N G D S J O I S
H T D C H U H I W E O N D T
L E Y R F M T U S S L E D I
V S S F Ø Y D A L S D H E Z
W M M T Å R N Z E E C D R I
```

RUSTNING	FØYDAL
KATAPULT	IMPERIUM
RIDDER	EDEL
HEST	PALASS
KRONE	VEGG
DYNASTI	PRINSESSE
DRAGE	PRINS
SKJOLD	TÅRN
SVERD	

82 - Escola # 2

```
D K I F P N A P Z K H Q M D
V I T E N S K A P E B P A A
X G S O U U K P O J V I T T
D C V B I B L I O T E K T A
G O R D B O K R N W S B E M
A R A K T I V I T E T E R A
L K A L I T T E R A T U R S
E A A M Æ S B L Y A N T S K
S L S D M R V K G E W F N I
I E A F E A E X G M J L U N
N N K Q E M T R S P I L L D
G D S O Z F I I E H V E J M
Z E B Ø K E R S K R J I Y S
K R X E B I I Y K K E F I N
```

AKADEMISK   BLYANT
AKTIVITETER   LESING
BIBLIOTEK   LITTERATUR
KALENDER   BØKER
VITENSKAP   MATTE
DATAMASKIN   RYGGSEKK
ORDBOK   PAPIR
GRAMMATIKK   LÆRER
SPILL   SAKS

83 - Abelhas

```
W N N B D F Y D Q S F E M M
B N P I V R Ø Y K V F E A B
V O D K R U O V P E B L N L
U Z F U G K C N J R W A G O
V H A B I T A T N M N O F M
Z I E E F N L R E I R A O S
Y P N F A R B X G N N J L T
O H P G H A G E T S S G D R
P O L L E N M R M E U O L E
X N A X R R N G M K L W L F
E N N Ø K O S Y S T E M G F
J I T T K G U N S T I G E U
M N E B L O M S T E R Q M I
Z G R V O P N E P V O K S M
```

VINGER	RØYK
GUNSTIG	HABITAT
VOKS	INSEKT
BIKUBE	HAGE
MANGFOLD	HONNING
ØKOSYSTEM	PLANTER
SVERM	POLLEN
BLOMSTRE	DRONNING
BLOMSTER	SOL
FRUKT	

84 - Banheiro

```
B  S  A  K  S  T  E  P  P  E  D  C  U  L
L  O  P  B  A  D  K  A  I  K  U  N  V  Z
H  A  B  E  T  I  D  R  E  N  S  O  A  V
S  M  Z  L  I  G  A  F  V  Y  J  U  M  M
Å  N  P  J  E  L  M  Y  J  D  H  F  Q  J
P  V  Z  Q  Y  R  P  M  D  S  O  V  E  P
E  O  A  F  V  Y  R  E  X  U  C  A  O  Y
T  O  A  L  E  T  T  S  Y  Q  J  N  Q  B
A  N  I  Z  H  Å  N  D  K  L  E  N  S  H
S  V  A  M  P  K  M  G  E  U  V  K  P  U
S  J  A  M  P  O  R  N  B  W  H  R  K  M
O  E  D  N  X  J  E  A  X  A  E  E  P  T
K  W  Y  D  N  T  G  V  N  S  M  M  U  F
B  U  G  D  P  I  F  P  Y  D  I  H  D  W
```

VANN	PARFYME
TOALETT	SÅPE
BAD	TEPPE
BOBLER	SAKS
DUSJ	HÅNDKLE
SPEIL	KRAN
SVAMP	DAMP
KREM	SJAMPO

85 - Ciência

```
L  X  O  M  H  N  R  V  D  W  D  F  B  O
A  S  B  E  O  Y  W  N  A  T  U  R  V  R
B  Y  S  F  V  L  P  L  T  E  O  E  Y  G
O  U  E  Z  U  O  E  O  A  W  C  O  D  A
R  V  R  X  I  M  L  K  T  W  S  V  P  N
A  Z  V  G  B  Z  B  U  Y  E  U  E  P  I
T  F  A  K  T  U  M  W  S  L  S  N  A  S
O  O  S  F  Y  S  I  K  K  J  E  E  R  M
R  R  J  M  E  T  O  D  E  W  O  R  T  E
I  S  O  K  L  I  M  A  S  A  Q  N  I  G
U  K  N  F  O  S  S  I  L  T  X  Z  K  D
M  E  P  L  A  N  T  E  R  O  V  V  L  O
C  R  K  J  E  M  I  S  K  M  Q  Q  E  Z
M  I  N  E  R  A  L  E  R  T  O  L  R  J
```

ATOM	METODE
FORSKER	MINERALER
KLIMA	MOLEKYLER
DATA	NATUR
EVOLUSJON	OBSERVASJON
FAKTUM	ORGANISME
FYSIKK	PARTIKLER
FOSSILT	PLANTER
HYPOTESE	KJEMISK
LABORATORIUM	

86 - Cores

```
O  Y  A  C  D  T  E  W  C  N  V  L  B  V
O  R  A  N  S  J  E  M  L  O  H  P  H  S
F  O  Ø  L  V  N  S  P  A  F  Z  Y  C  J
U  S  H  D  A  J  H  T  X  G  R  Ø  N  N
C  A  M  T  R  G  G  G  C  U  E  R  D  H
H  O  N  N  T  Q  Z  Y  R  L  M  N  W  S
S  Z  W  P  M  B  L  F  I  O  L  E  T  T
I  F  C  W  V  U  S  O  D  J  X  D  M  A
A  K  X  E  H  T  I  Q  Y  C  B  R  U  N
Z  C  T  L  V  X  G  P  E  Y  E  Y  X  I
X  Z  Y  G  I  S  E  P  I  A  I  U  J  Y
W  H  P  R  T  L  B  L  Å  N  G  U  I  B
Y  K  K  Å  M  I  L  E  T  N  E  Y  Q  R
R  O  N  D  N  S  Y  A  S  U  J  N  Q  Z
```

GUL	BRUN
BLÅ	SVART
BEIGE	ROSA
HVIT	LILLA
CYAN	SEPIA
GRÅ	GRØNN
FUCHSIA	RØD
ORANSJE	FIOLETT
MAGENTA	

87 - Comida #1

```
S A L T B J O R D B Æ R B B
S U P P E A H P I Z D K Y K
A S K C A I S A L A T A G Z
J P N K S U I I V Q J N G G
U I R U E O T O L Ø K E H B
I N I I V R R K G I G L I M
C A R V K K O A U S K A I E
E T H H D O N K L S H U B L
J U N R V F S E R M V T M K
L N C T Q B S Y O G I S G V
J F E N E P E Z T D T N L K
W I F Z E T M B P I L F G C
S S X N A S V K F D Ø D U F
F K K P E A N Ø T T K M O P
```

SUKKER   SPINAT
HVITLØK   MELK
PEANØTT   SITRON
TUNFISK   BASILIKUM
KAKE   JORDBÆR
KANEL   NEPE
LØK   SALT
GULROT   SALAT
BYGG   SUPPE
APRIKOS   JUICE

88 - Pássaros

```
N  S  P  H  N  I  Z  S  T  O  R  K  G  P
D  P  A  E  I  H  G  V  R  Z  M  U  V  E
D  U  P  G  J  Ø  K  A  P  Å  F  U  G  L
V  R  E  R  N  T  Y  N  G  B  D  L  V  I
Q  V  G  E  Y  O  L  E  L  V  S  F  F  K
T  E  Ø  M  Z  U  L  N  W  L  I  O  L  A
N  B  Y  P  G  C  I  H  B  Q  M  L  A  N
H  W  E  L  I  A  N  A  N  D  Å  M  M  S
S  O  Z  V  H  N  G  Å  S  K  K  I  I  K
H  D  E  D  J  Q  G  S  N  E  E  I  N  A
P  I  A  G  J  Y  O  V  W  V  Y  U  G  D
N  Ø  R  N  G  Q  W  X  I  A  A  G  O  M
T  R  X  D  K  R  Å  K  E  N  T  C  Y  I
S  T  R  U  T  S  L  L  T  H  R  N  Z  P
```

STRUTS	HEGRE
ØRN	EGG
STORK	PAPEGØYE
SVANEN	SPURV
KRÅKE	AND
GJØK	PÅFUGL
FLAMINGO	PELIKAN
KYLLING	PINGVIN
MÅKE	DUE
GÅS	TOUCAN

89 - Virtudes #1

```
S  J  A  R  M  E  R  E  N  D  E  Z  I  K
H  S  L  M  O  R  S  O  M  R  N  I  N  U
S  E  I  R  G  R  P  A  S  I  E  N  T  N
A  J  D  F  E  F  F  E  K  T  I  V  E  S
V  U  E  A  U  F  G  B  D  D  N  R  L  T
G  A  N  N  B  C  N  O  G  Z  Q  M  L  N
J  V  S  T  E  R  B  H  D  P  G  I  I  E
Ø  H  K  A  S  R  E  W  Z  W  B  Q  G  R
R  E  A  S  K  S  Ø  F  M  G  P  E  E  I
E  N  P  I  J  J  J  S  K  L  O  K  N  S
N  G  E  F  E  R  W  U  K  H  Q  D  T  K
D  I  L  U  D  E  P  R  A  K  T  I  S  K
E  G  I  L  E  N  Y  T  T  I  G  I  A  M
C  M  G  L  N  Y  S  G  J  E  R  R  I  G
```

LIDENSKAPELIG FANTASIFULL
KUNSTNERISK   UAVHENGIG
GOD   INTELLIGENT
NYSGJERRIG   REN
AVGJØRENDE   BESKJEDEN
EFFEKTIV   PASIENT
SJARMERENDE   PRAKTISK
MORSOM   KLOK
SJENERØS   NYTTIG

90 - Literatura

```
U A R X R X V Y L Y M K S B
U N H Y S O Y S X T E Z A O
K E Q D T E M A S R N K M Y
L K J R I M P A M A I O M F
Q D P I L U E V N G N N E F
F O R F A T T E R E G K N X
N T Y W C N Q R N D D L L A
X E R J H L A H A I I U I N
M E T A F O R L H E K S G A
B I O G R A F I O O T J N L
F O R T E L L E R G Y O I Y
U C N D I A L O G S I N N S
T T T P O E T I S K S Q G E
B E S K R I V E L S E E J D
```

ANALOGI	METAFOR
ANALYSE	FORTELLER
ANEKDOTE	MENING
FORFATTER	DIKT
BIOGRAFI	POETISK
SAMMENLIGNING	RIM
KONKLUSJON	RYTME
BESKRIVELSE	ROMAN
DIALOG	TEMA
STIL	TRAGEDIE

91 - Clima

```
K V Y U S T O S Z D S P T J
H J R V E O Z R T I N S E Q
L Z K I E R I E K O I K M J
T O R N A D O B J A R Y P A
I H T D T E R K J R N M E Z
R F E Z T N M O N S U N R N
D B R G U R E G N B U E A W
X V C P N E O Q T Å K E T A
L F J C U D V P O L A R U M
G T B A I I K L I M A O R R
T Ø R K E A T M O S F Æ R E
R R A U I Q L D O N K Z J I
B R I S W C H I M M E L Y N
U O S E E U J P B N R G V E
```

REGNBUE

ATMOSFÆRE

BRIS

HIMMEL

KLIMA

ORKAN

IS

MONSUN

TÅKE

SKY

POLAR

LYN

TØRKE

TØRR

TEMPERATUR

STORM

TORNADO

TROPISK

TORDEN

VIND

92 - Tecnologia

```
K S X M N S A U B M L B F K
B K Z E E T K P T Y R Y O A
E J T L T A I R D A T A R M
C E Z D T T N O I J E E S E
D R M I L I T G G F A D K R
S M A N E S E R I I T A N A
V I R G S T R A T L V T I V
L D K K E I N M A Z I A N I
E R Ø K R K E V L B R M G R
X G R C E K T A T M T A B U
B L O G G R T R M W U S P S
I F C O N W H E Z A E K B I
K T T A I C V E E L L I G N
Z Y T E W J S Y T V L N V Z
```

FIL   INTERNETT
BLOGG   MELDING
BYTE   NETTLESER
KAMERA   FORSKNING
DATAMASKIN   SIKKERHET
MARKØR   PROGRAMVARE
DATA   SKJERM
DIGITALT   VIRTUELL
STATISTIKK   VIRUS
SKRIFT

93 - Arte

```
J  K  E  R  A  M  I  S  K  H  A  V  Q  V
Y  K  T  N  N  A  Q  K  K  W  U  E  V  S
M  I  I  O  K  L  X  U  H  A  Y  M  Z  U
Æ  R  L  I  G  E  V  L  S  U  P  N  Ø  R
P  D  P  Z  Y  R  L  P  F  B  Q  E  B  R
D  I  M  Y  K  I  P  T  N  N  X  R  U  E
G  L  T  U  S  E  R  U  O  Y  A  A  N  A
F  L  E  M  Y  R  N  R  Q  Q  E  H  O  L
I  N  S  P  I  R  E  R  T  P  O  E  S  I
G  A  P  B  S  K  I  L  D  R  E  I  Y  S
U  T  T  R  Y  K  K  Q  M  B  F  T  M  M
R  O  R  I  G  I  N  A  L  H  A  U  B  E
P  E  R  S  O  N  L  I  G  Y  P  O  O  G
K  O  M  P  L  E  K  S  F  G  N  X  L  Y
```

KERAMISK	ORIGINAL
KOMPLEKS	PERSONLIG
SKAPE	MALERIER
SKULPTUR	POESI
UTTRYKK	SKILDRE
FIGUR	ENKEL
ÆRLIG	SYMBOL
HUMØR	EMNE
INSPIRERT	SURREALISME

94 - Dinossauros

```
Z Y S U R C F O S S I L E R
H X G S G Z M M A M M U T E
A E D M W F A N R E I B T V
L M R J S N J I I Z C N A O
E Q K B Y G O V I N G E R L
K M I J I B R O L H O T N U
P R R Q K V D R F E N T E S
K E A O Q S O E U V T I E J
W P V F S E G R K C O X N O
O T B Y T T E R E E J S O N
B I Z W O I R A P T O R R Z
A L H I R H G K N A W X M B
W R F O R H I S T O R I S K
T D T F O R S V I N N I N G
```

VINGER   MAMMUT
HALE   OMNIVORE
FORSVINNING   KRAFTIG
ENORM   BYTTE
ART   FORHISTORISK
EVOLUSJON   RAPTOR
FOSSILER   REPTIL
STOR   JORD
HERBIVORE

95 - Esportes

```
B  G  Y  M  N  A  S  T  I  K  K  S  A  L
E  T  R  E  N  E  R  G  L  A  S  A  L  U
V  Z  S  O  B  B  L  V  O  B  T  X  H  R
E  B  A  S  K  E  T  B  A  L  L  L  R  O
G  Y  M  N  A  S  T  I  K  K  F  I  E  P
E  Q  D  W  N  T  E  N  N  I  S  T  H  T
L  S  Q  Y  G  A  G  R  C  R  K  E  O  B
S  P  I  L  L  D  O  M  M  E  R  A  C  A
E  P  Q  X  X  I  L  S  F  S  F  M  K  S
E  G  I  Q  N  O  D  Y  I  W  G  H  E  E
M  J  G  L  M  N  P  K  V  T  S  L  Y  B
K  Q  I  I  L  P  C  K  G  V  T  J  A  A
F  Y  Y  I  S  E  I  E  H  L  L  Q  R  L
V  I  N  N  E  R  R  L  X  R  Z  I  L  L
```

ATLET	GYMNASTIKK
DOMMER	GOLF
BASKETBALL	HOCKEY
BASEBALL	SPILLER
SYKKEL	SPILL
TEAM	BEVEGELSE
STADION	TENNIS
VINNER	TRENER
GYMNASTIKKSAL	

96 - Comida # 2

```
S U G V R I S D R U E Y P B
K W T X C U V J E U W C N R
I S Y K F T S T I A R V F O
N C O I I K N G P C A C B K
K A G W S R T M A N D E L K
E U H I K J S O P P V K I O
W B U V K X J E G P Y Y U L
G E R S E D X K B G H L D I
F R T N U T B O A Æ U L A S
E G G T Q R E X N U R I Z K
P I S J O K O L A D E N X H
L N V R S M T D N E N G F T
E E P Y T Q A H Y H M Y S U
K O A H G A R T I S J O K K
```

ARTISJOKK   YOGHURT
MANDEL   KIWI
RIS   EPLE
BANAN   EGG
AUBERGINE   FISK
BROKKOLI   SKINKE
KIRSEBÆR   OST
SJOKOLADE   TOMAT
SOPP   HVETE
KYLLING   DRUE

97 - Barcos

```
G J K M G S A V D L G S R H
S E I L B Å T N G Q F J A W
M A N N S K A P K J E Ø A F
F L Å T E B Ø L G E R M G E
H A V V G D O W T U R A S R
R B J P U T F X N L G N T J
E N T S J A V H R K Q N I E
F X L M A U T I D E V A N N
B Ø Y E O B E N Y D S U N R
R R Z E O T L V A L M T S B
K A J A K K O L C P N I J I
Y A A T Q U S R H H L S Ø B
B Q N E L V J V T M T K N D
Y T W O M A R I T I M A S T
```

ANKER
FERJE
BØYE
KAJAKK
KANO
TAU
YACHT
FLÅTE
INNSJØ
HAV

TIDEVANN
SJØMANN
MARITIM
MAST
MOTOR
NAUTISK
BØLGER
ELV
MANNSKAP
SEILBÅT

98 - Piratas

```
L  X  K  I  I  E  K  A  P  T  E  I  N  B
S  R  O  M  X  S  V  W  O  Y  J  H  G  P
V  V  Q  Y  P  F  O  E  D  J  G  U  L  L
E  B  M  K  K  C  S  Z  N  B  Q  L  Q  P
R  M  A  N  N  S  K  A  P  T  T  E  J  H
D  F  G  S  T  R  A  N  D  M  Y  M  X  A
A  Z  P  K  S  Q  R  H  Å  X  Q  R  F  F
K  B  G  A  S  T  R  Q  R  A  N  K  E  R
E  A  U  T  P  T  K  G  L  F  P  F  P  Q
Z  R  R  T  P  E  D  B  I  A  M  R  A  M
Y  D  J  T  U  O  G  V  G  R  F  N  O  P
M  Y  N  T  E  R  K  Ø  Y  E  E  H  U  W
L  E  G  E  N  D  E  Z  Y  H  A  V  C  Y
K  O  M  P  A  S  S  M  E  E  X  S  G  B
```

EVENTYR	DÅRLIG
ANKER	MYNTER
KOMPASS	HAV
KAPTEIN	GULL
HULE	PAPEGØYE
ARR	FARE
SVERD	STRAND
ØY	ROM
LEGENDE	SKATT
KART	MANNSKAP

99 - Mamíferos

```
C  L  N  J  D  I  R  E  B  R  K  L  M  Y
L  D  H  E  S  T  T  J  S  E  B  R  A  G
B  K  D  C  C  N  P  C  J  P  V  K  H  O
Y  F  S  Q  J  H  R  M  I  E  A  E  P  R
B  P  H  N  I  R  O  P  R  S  F  N  R  I
H  Z  L  Ø  V  E  E  K  A  T  T  G  Æ  L
U  I  A  P  E  F  L  V  F  F  U  U  R  L
N  B  K  T  A  M  K  K  F  D  E  R  I  A
D  L  L  L  X  E  A  Y  Y  N  N  U  E  P
T  I  N  U  F  I  N  H  V  A  L  I  U  D
O  A  D  E  L  F  I  N  S  A  U  U  L  B
K  A  M  E  L  V  N  G  N  E  Z  W  V  I
S  I  G  N  C  Z  Z  I  I  Y  U  D  J  I
E  L  E  F  A  N  T  U  U  S  J  M  D  R
```

HVAL	SJIRAFF
KAMEL	DELFIN
KENGURU	GORILLA
BEVER	LØVE
HEST	ULV
HUND	APE
KANIN	SAU
PRÆRIEULV	REV
ELEFANT	OKSE
KATT	SEBRA

100 - Atividades e Lazer

```
J  F  Q  O  S  B  M  K  U  N  S  T  B  B
I  Z  W  U  L  O  A  L  U  G  V  T  A  A
F  A  W  A  S  K  L  K  H  B  Ø  R  S  S
G  O  L  F  B  S  E  H  C  O  M  G  E  K
R  H  T  Z  B  I  R  M  I  E  M  S  B  E
C  H  A  T  C  N  I  I  J  J  I  U  A  T
U  S  Q  G  U  G  O  T  T  Z  N  R  L  B
R  U  N  Y  E  R  E  I  S  E  G  F  L  A
P  Z  V  J  R  A  E  J  N  Z  N  I  G  L
R  Y  O  H  A  K  R  R  N  D  S  N  F  L
F  O  T  B  A  L  L  B  V  L  U  G  I  Y
D  Y  K  K  I  N  G  E  E  J  M  X  S  S
C  A  M  P  I  N  G  Y  O  I  S  S  K  Y
W  A  V  S  L  A  P  P  E  N  D  E  E  A
```

CAMPING
KUNST
BASKETBALL
BASEBALL
BOKSING
FOTTURER
FOTBALL
GOLF
HAGEARBEID

DYKKING
SVØMMING
FISKE
MALERI
AVSLAPPENDE
SURFING
TENNIS
REISE

1 - Dirigindo

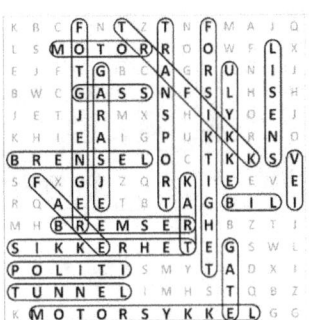

2 - Atividades

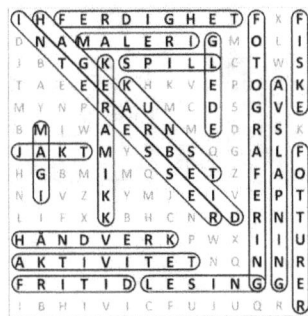

3 - Churrascos

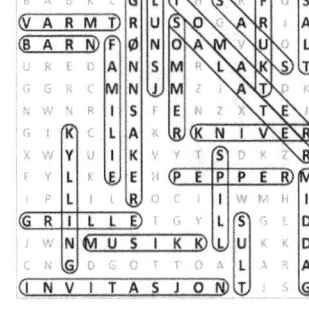

4 - Pesca

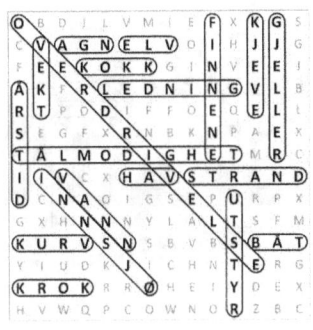

5 - Geologia

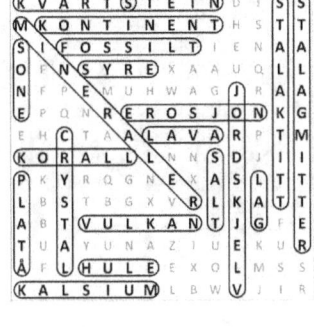

6 - Móveis

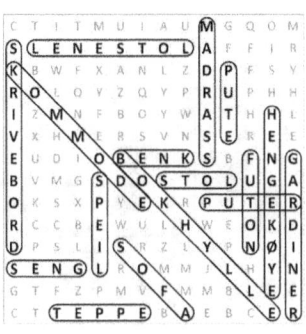

7 - Tempo

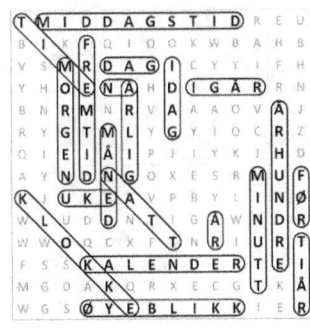

8 - Astronomia

9 - Circo

10 - Acampamento

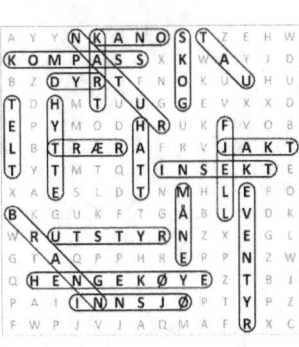

11 - Emoções

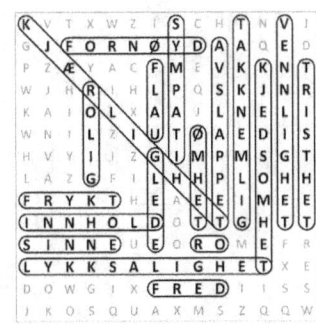

12 - Ficção Científica

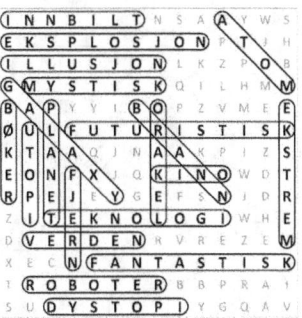

13 - Mitologia

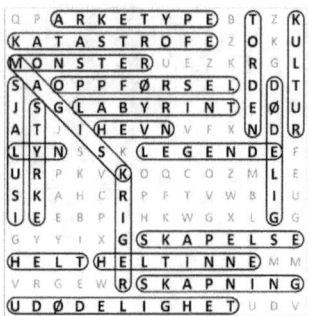

14 - Medições

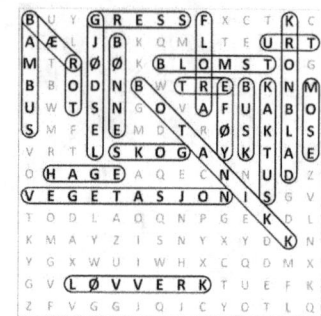

15 - Plantas

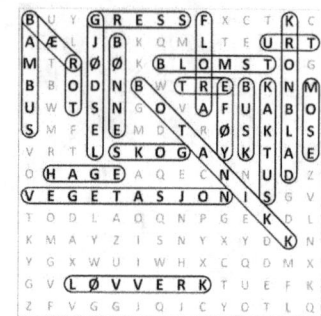

16 - Veículos

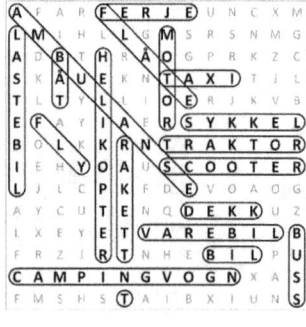

17 - Restaurante # 2

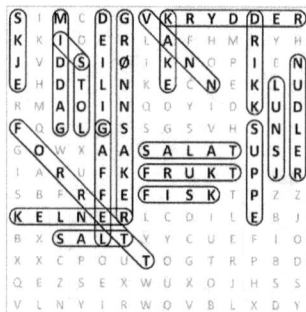

18 - Países #2

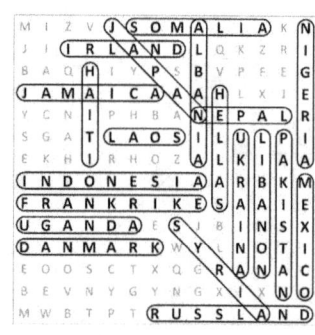

19 - Cozinha

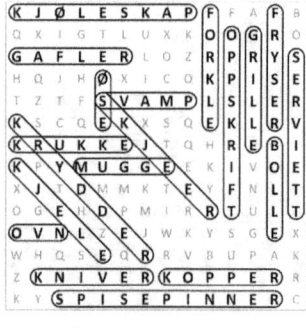

20 - Brinquedos

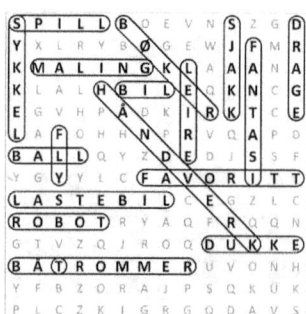

21 - Verão

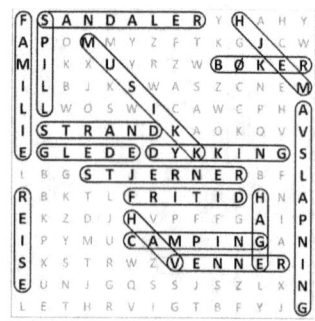

22 - Material de Arte

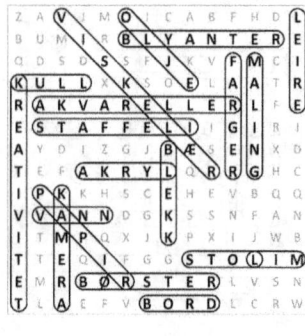

23 - Números

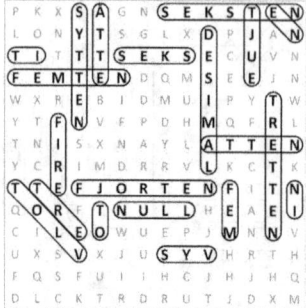

24 - Especiarias

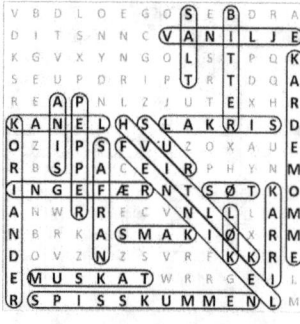

25 - Aniversário

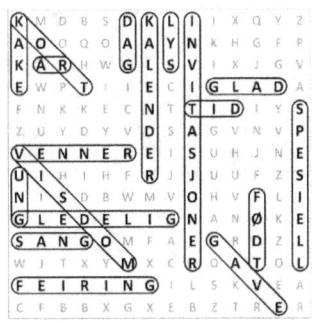

26 - Casa

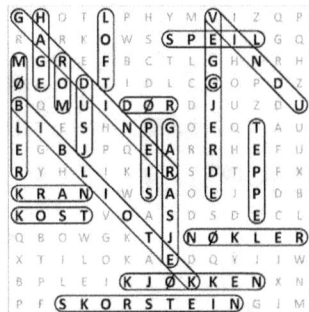

27 - Vegetais

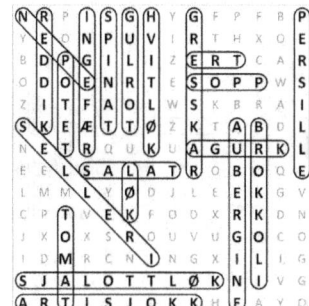

28 - Exploração

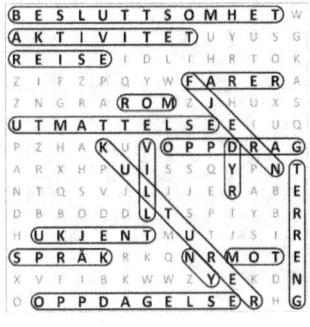

29 - Balé

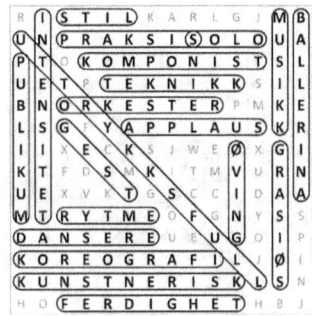

30 - Conservação

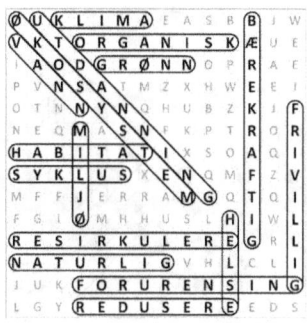

31 - Adjetivos #1

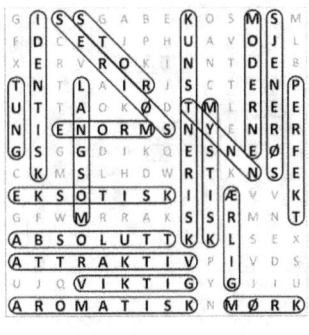

32 - Insetos

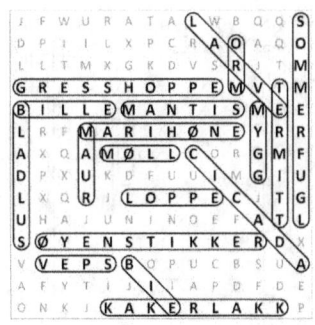

33 - Paisagens

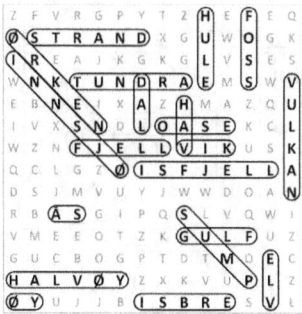

34 - Dança

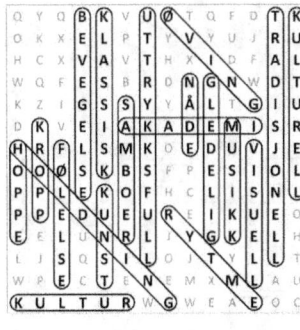

35 - Nutrição

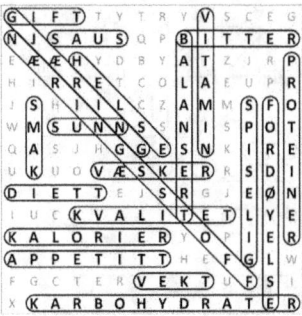

36 - Disciplinas Científicas

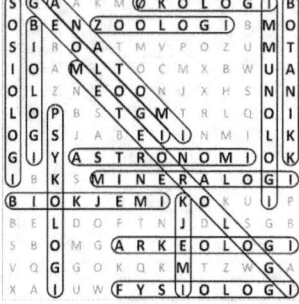

37 - Meditação

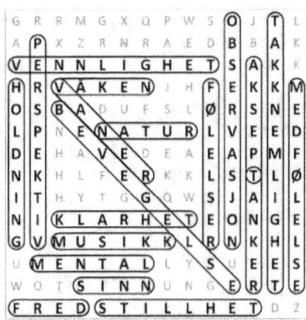

38 - Gatos

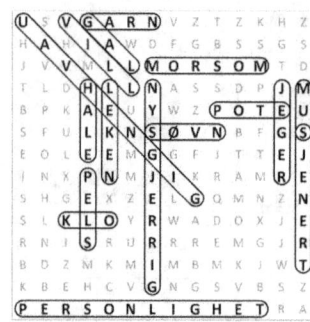

39 - Artes Visuais

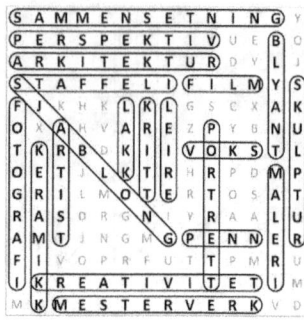

40 - Instrumentos Musicais

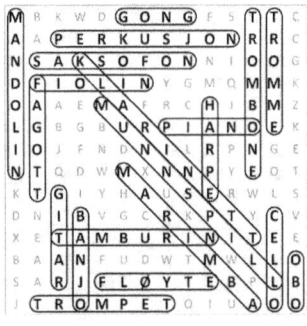

41 - Adjetivos #2

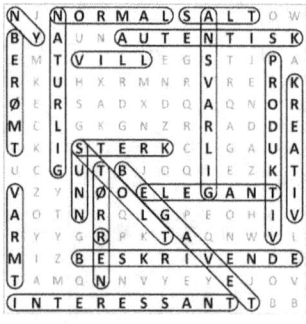

42 - Roupas

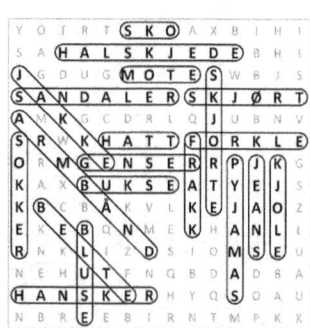

43 - Herbalismo

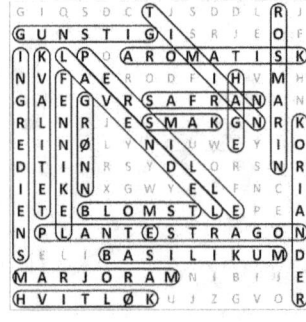

44 - Frutas

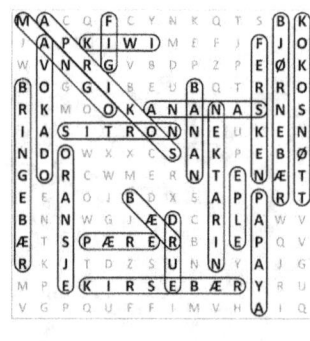

45 - Corpo Humano

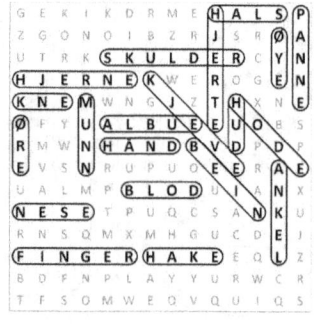

46 - Restaurante #1

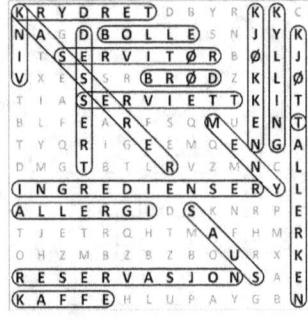

47 - Caminhada

48 - Água

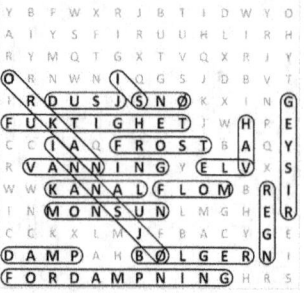

49 - Sons

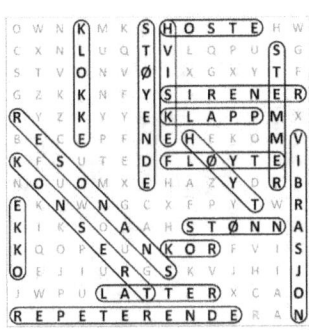

50 - Ecologia

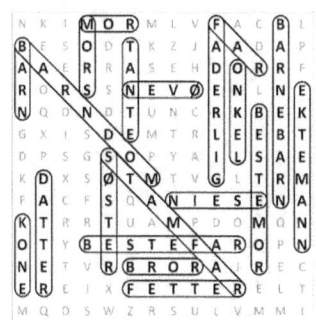

51 - Família

52 - Férias #2

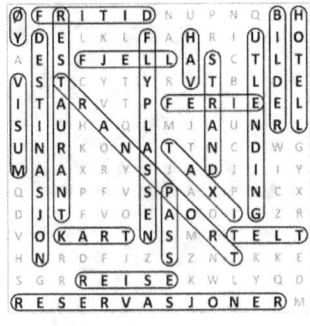

53 - Edifícios

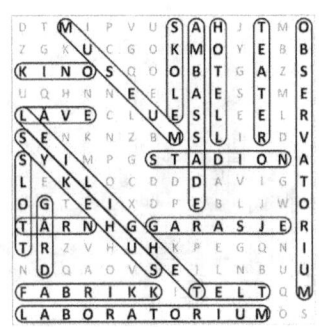

54 - Ferramentas de Cozinha

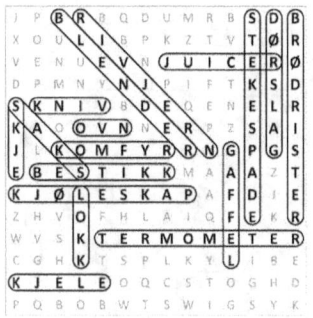

55 - Xadrez

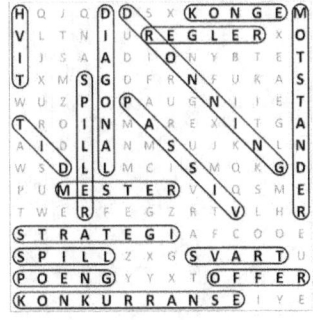

56 - Aventura

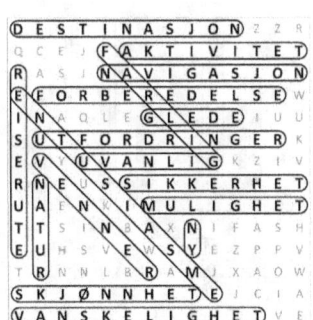

57 - Surf

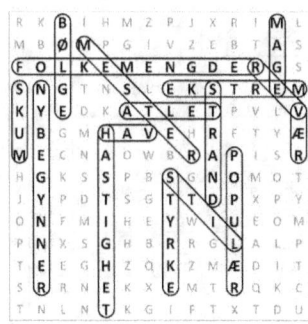

58 - Floresta Tropical

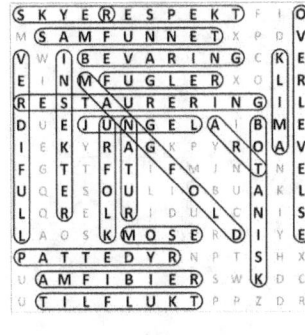

59 - Cidade

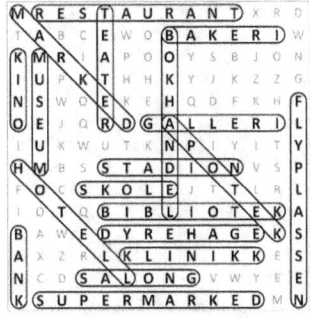

60 - Matemática

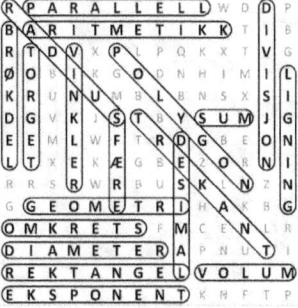

61 - Natureza

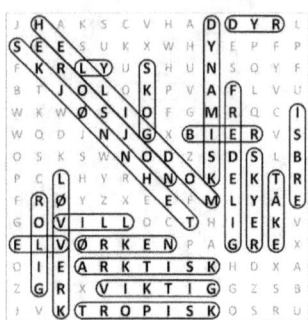

62 - Preencher

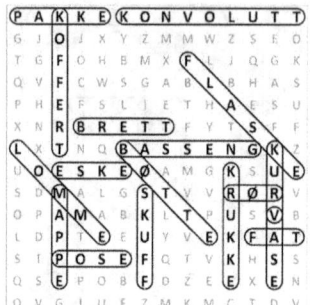

63 - Animais de Estimação

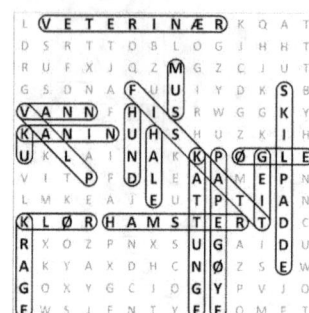

64 - Escalada

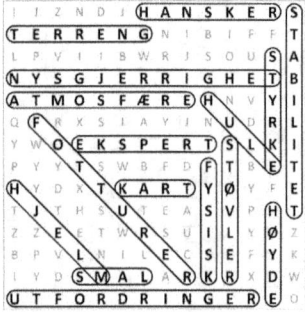

65 - Aviões

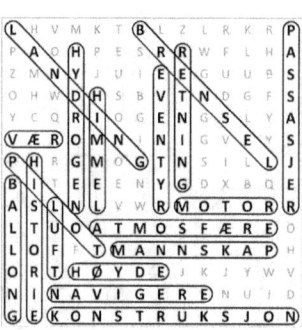

66 - Tipos de Cabelo

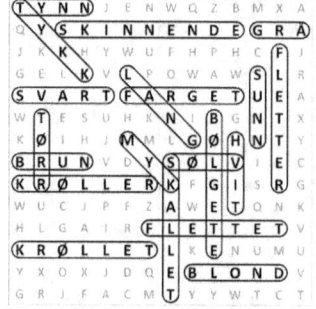

67 - Formas

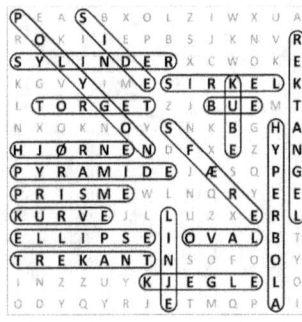

68 - Dias e Meses

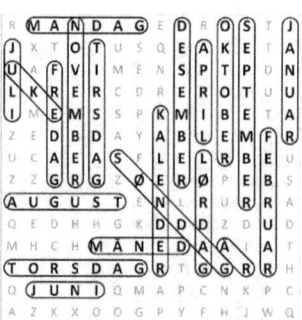

69 - Geografia

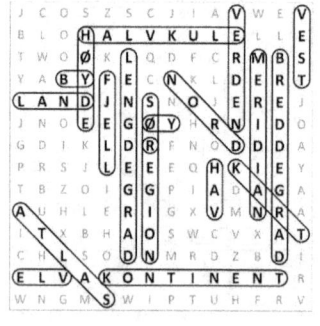

70 - Antártica

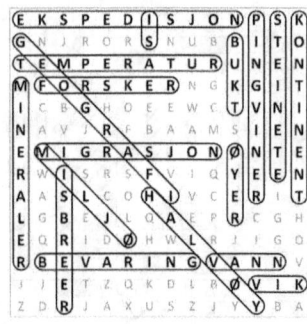

71 - Flores

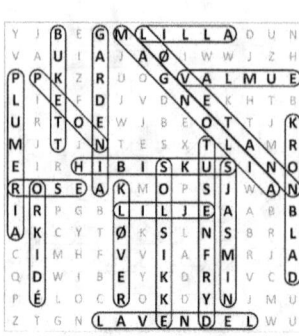

72 - Fazenda #1

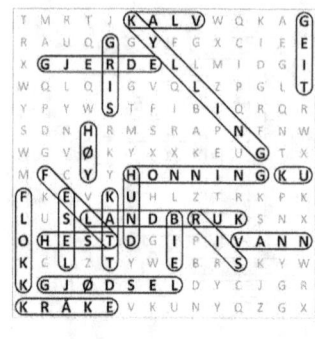

73 - Livros
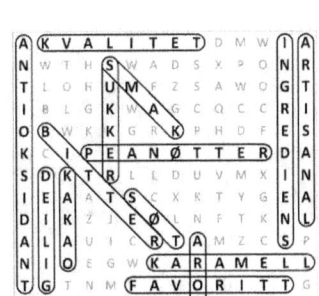

74 - Chocolate
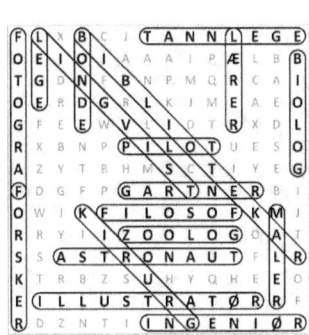

75 - Profissões #2

76 - Fazenda #2
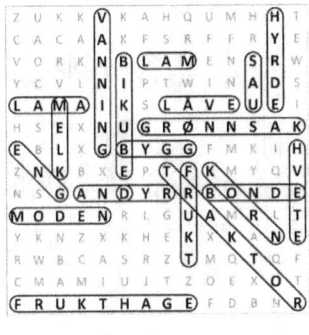

77 - Jardim
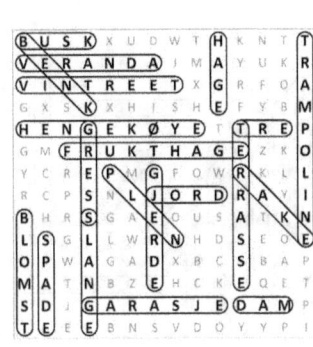

78 - Oceano
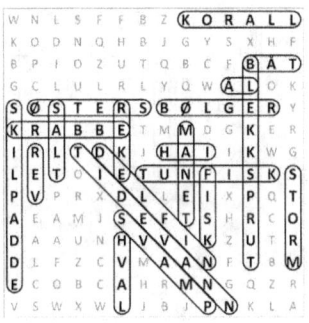

79 - Profissões #1
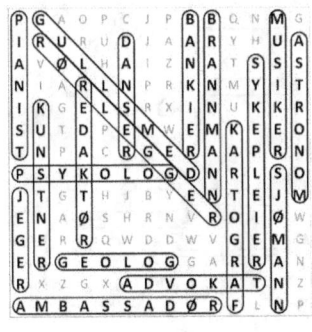

80 - Campeonato
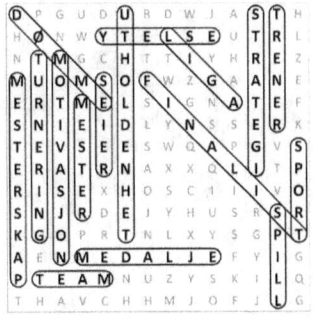

81 - Castelos
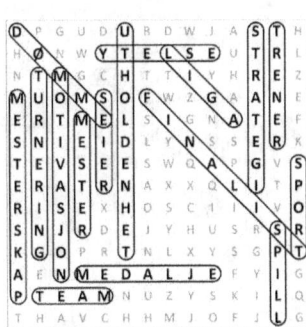

82 - Escola # 2
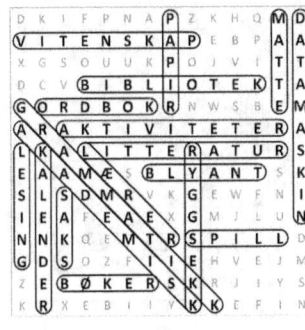

83 - Abelhas
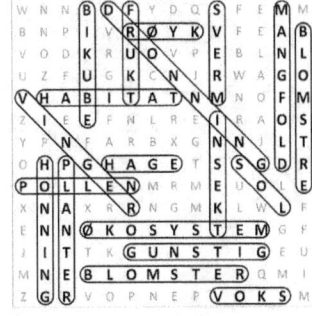

84 - Banheiro
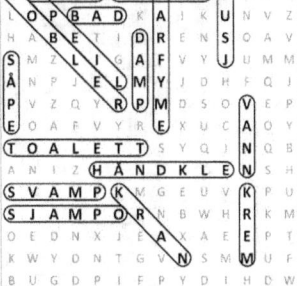

85 - Ciência

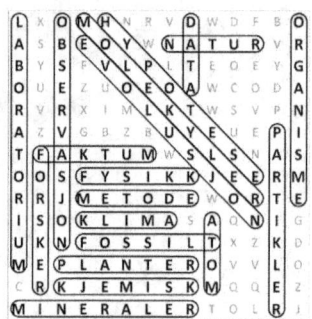

86 - Cores

87 - Comida #1

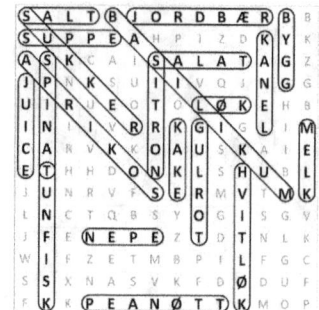

88 - Pássaros

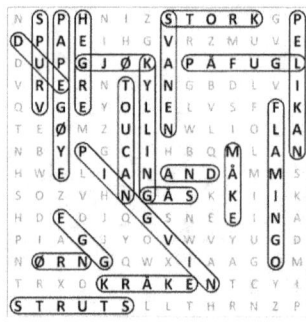

89 - Virtudes #1

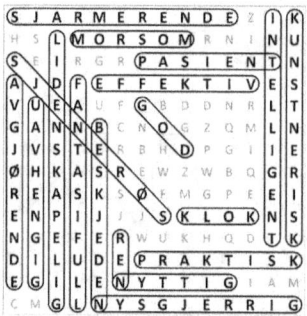

90 - Literatura

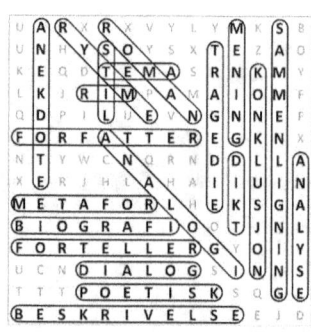

91 - Clima

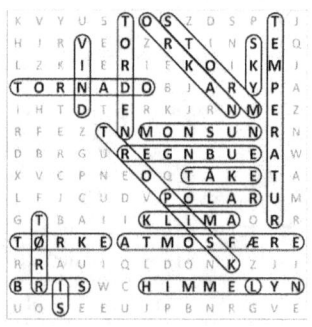

92 - Tecnologia

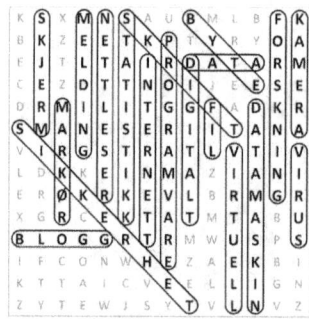

93 - Arte

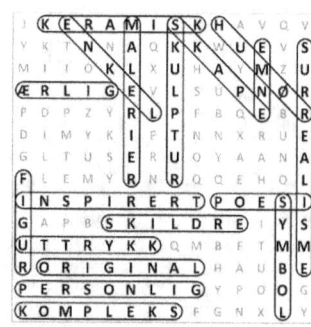

94 - Dinossauros

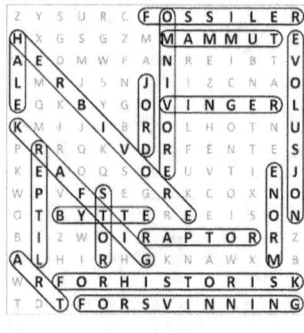

95 - Esportes

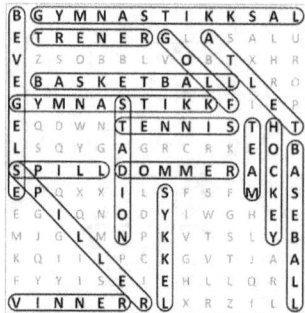

96 - Comida # 2

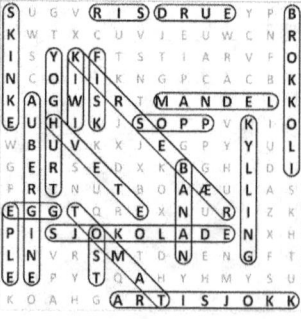

97 - Barcos

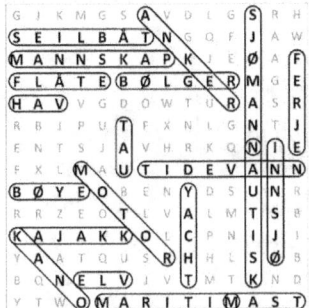

98 - Piratas

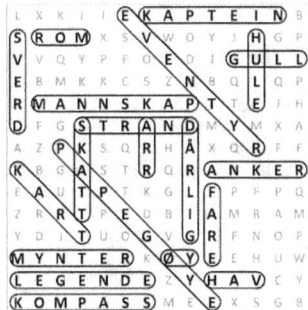

99 - Mamíferos

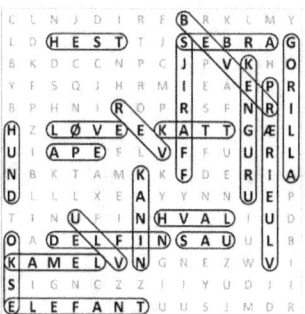

100 - Atividades e Lazer

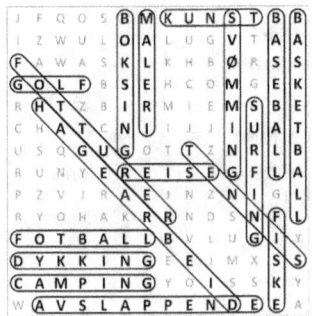

Dicionário

Abelhas
Bier

Asas	Vinger
Benéfico	Gunstig
Cera	Voks
Colmeia	Bikube
Diversidade	Mangfold
Ecossistema	Økosystem
Enxame	Sverm
Flor	Blomstre
Flores	Blomster
Fruta	Frukt
Fumaça	Røyk
Habitat	Habitat
Inseto	Insekt
Jardim	Hage
Mel	Honning
Plantas	Planter
Pólen	Pollen
Rainha	Dronning
Sol	Sol

Acampamento
Camping

Animais	Dyr
Aventura	Eventyr
Árvores	Trær
Bússola	Kompass
Cabine	Hytte
Caça	Jakt
Canoa	Kano
Chapéu	Hatt
Corda	Tau
Equipamento	Utstyr
Floresta	Skog
Fogo	Brann
Inseto	Insekt
Lago	Innsjø
Lua	Måne
Maca	Hengekøye
Mapa	Kart
Montanha	Fjell
Natureza	Natur
Tenda	Telt

Adjetivos #1
Adjektiver #1

Absoluto	Absolutt
Aromático	Aromatisk
Artístico	Kunstnerisk
Atraente	Attraktiv
Enorme	Enorm
Escuro	Mørk
Exótico	Eksotisk
Fino	Tynn
Generoso	Sjenerøs
Grande	Stor
Honesto	Ærlig
Idêntico	Identisk
Importante	Viktig
Lento	Langsom
Misterioso	Mystisk
Moderno	Moderne
Perfeito	Perfekt
Pesado	Tung
Sério	Seriøs
Valioso	Verdifull

Adjetivos #2
Adjektiver #2

Autêntico	Autentisk
Criativo	Kreativ
Descritivo	Beskrivende
Dotado	Begavet
Elegante	Elegant
Famoso	Berømt
Forte	Sterk
Interessante	Interessant
Natural	Naturlig
Normal	Normal
Novo	Ny
Orgulhoso	Stolt
Produtivo	Produktiv
Puro	Ren
Quente	Varmt
Responsável	Ansvarlig
Salgado	Salt
Saudável	Sunn
Seco	Tørr
Selvagem	Vill

Animais de Estimação
Kjæledyr

Água	Vann
Cabra	Geit
Cachorro	Valp
Cauda	Hale
Cão	Hund
Coelho	Kanin
Colarinho	Krage
Garras	Klør
Gatinho	Kattunge
Gato	Katt
Hamster	Hamster
Lagarto	Øgle
Mouse	Mus
Papagaio	Papegøye
Peixe	Fisk
Tartaruga	Skilpadde
Vaca	Ku
Veterinário	Veterinær

Aniversário
Fødselsdag

Alegre	Gledelig
Amigos	Venner
Ano	År
Bolo	Kake
Calendário	Kalender
Canção	Sang
Cartões	Kort
Celebração	Feiring
Convites	Invitasjoner
Dia	Dag
Dom	Gave
Especial	Spesiell
Feliz	Glad
Jovem	Ung
Nascer	Født
Sabedoria	Visdom
Tempo	Tid
Velas	Lys

Antártica
Antarktis

Ambiente	Miljø
Água	Vann
Baía	Bukt
Científico	Vitenskapelig
Conservação	Bevaring
Continente	Kontinent
Enseada	Vik
Expedição	Ekspedisjon
Geleiras	Isbreer
Gelo	Is
Geografia	Geografi
Ilhas	Øyer
Investigador	Forsker
Migração	Migrasjon
Minerais	Mineraler
Península	Halvøy
Pinguins	Pingviner
Rochoso	Steinete
Temperatura	Temperatur
Topografia	Topografi

Arte
Kunst

Cerâmica	Keramisk
Complexo	Kompleks
Composição	Sammensetning
Criar	Skape
Escultura	Skulptur
Expressão	Uttrykk
Figura	Figur
Honesto	Ærlig
Humor	Humør
Inspirado	Inspirert
Original	Original
Pessoal	Personlig
Pinturas	Malerier
Poesia	Poesi
Retratar	Skildre
Simples	Enkel
Símbolo	Symbol
Sujeito	Emne
Surrealismo	Surrealisme
Visual	Visuell

Artes Visuais
Bildende Kunst

Argila	Leire
Arquitetura	Arkitektur
Artista	Artist
Caneta	Penn
Cavalete	Staffeli
Cera	Voks
Cerâmica	Keramikk
Composição	Sammensetning
Criatividade	Kreativitet
Escultura	Skulptur
Estêncil	Sjablong
Filme	Film
Fotografia	Fotografi
Giz	Kritt
Lápis	Blyant
Obra-Prima	Mesterverk
Perspectiva	Perspektiv
Pintura	Maleri
Retrato	Portrett
Verniz	Lakk

Astronomia
Astronomi

Asteróide	Asteroide
Astronauta	Astronaut
Astrônomo	Astronom
Céu	Himmel
Constelação	Konstellasjon
Cosmos	Kosmos
Eclipse	Formørkelse
Equinócio	Equinox
Foguete	Rakett
Gravidade	Tyngdekraft
Lua	Måne
Meteoro	Meteor
Nebulosa	Stjernetåke
Observatório	Observatorium
Planeta	Planet
Radiação	Stråling
Solar	Solar
Supernova	Supernova
Terra	Jord
Universo	Univers

Atividades
Aktiviteter

Arte	Kunst
Artesanato	Håndverk
Atividade	Aktivitet
Caca	Jakt
Caminhada	Fotturer
Cerâmica	Keramikk
Fotografia	Fotografering
Habilidade	Ferdighet
Interesses	Interesser
Jardinagem	Hagearbeid
Jogos	Spill
Lazer	Fritid
Lendo	Lesing
Magia	Magi
Pesca	Fiske
Pintura	Maleri
Prazer	Glede
Relaxamento	Avslapning

Atividades e Lazer
Aktiviteter og Fritid

Acampamento	Camping
Arte	Kunst
Basquete	Basketball
Beisebol	Baseball
Boxe	Boksing
Caminhada	Fotturer
Futebol	Fotball
Golfe	Golf
Jardinagem	Hagearbeid
Mergulho	Dykking
Natação	Svømming
Pesca	Fiske
Pintura	Maleri
Relaxante	Avslappende
Surfe	Surfing
Tênis	Tennis
Viagem	Reise
Voleibol	Volleyball

Aventura
Eventyr

Alegria	Glede
Amigos	Venner
Atividade	Aktivitet
Beleza	Skjønnhet
Chance	Sjanse
Desafios	Utfordringer
Destino	Destinasjon
Dificuldade	Vanskelighet
Entusiasmo	Entusiasme
Excursão	Utflukt
Incomum	Uvanlig
Itinerário	Reiserute
Natureza	Natur
Navegação	Navigasjon
Novo	Ny
Oportunidade	Mulighet
Perigoso	Farlig
Preparação	Forberedelse
Segurança	Sikkerhet
Surpreendente	Overraskende

Aviões
Fly

Altura	Høyde
Ar	Luft
Aterrissagem	Landing
Atmosfera	Atmosfære
Aventura	Eventyr
Balão	Ballong
Céu	Himmel
Combustível	Brensel
Construção	Konstruksjon
Descida	Avstamning
Direção	Retning
Hidrogênio	Hydrogen
História	Historie
Motor	Motor
Navegar	Navigere
Passageiro	Passasjer
Piloto	Pilot
Tempo	Vær
Tripulação	Mannskap
Turbulência	Turbulens

Água
Vann

Canal	Kanal
Chuva	Regn
Chuveiro	Dusj
Evaporação	Fordampning
Furacão	Orkan
Geada	Frost
Gelo	Is
Geyser	Geysir
Inundação	Flom
Irrigação	Vanning
Lago	Innsjø
Monção	Monsun
Neve	Snø
Oceano	Hav
Ondas	Bølger
Rio	Elv
Umidade	Fuktighet
Vapor	Damp

Balé
Ballett

Aplauso	Applaus
Artístico	Kunstnerisk
Bailarina	Ballerina
Compositor	Komponist
Coreografia	Koreografi
Dançarinos	Dansere
Ensaio	Øving
Estilo	Stil
Expressivo	Uttrykksfull
Gesto	Gest
Gracioso	Grasiøs
Habilidade	Ferdighet
Intensidade	Intensitet
Música	Musikk
Orquestra	Orkester
Prática	Praksis
Público	Publikum
Ritmo	Rytme
Solo	Solo
Técnica	Teknikk

Banheiro
Baderom

Água	Vann
Banheiro	Toalett
Banho	Bad
Bolhas	Bobler
Chuveiro	Dusj
Espelho	Speil
Esponja	Svamp
Loção	Krem
Perfume	Parfyme
Sabão	Såpe
Tapete	Teppe
Tesoura	Saks
Toalha	Håndkle
Torneira	Kran
Vapor	Damp
Xampu	Sjampo

Barcos
Båter

Âncora	Anker
Balsa	Ferje
Bóia	Bøye
Caiaque	Kajakk
Canoa	Kano
Corda	Tau
Iate	Yacht
Jangada	Flåte
Lago	Innsjø
Mar	Hav
Maré	Tidevann
Marinheiro	Sjømann
Marítimo	Maritim
Mastro	Mast
Motor	Motor
Náutico	Nautisk
Ondas	Bølger
Rio	Elv
Tripulação	Mannskap
Veleiro	Seilbåt

Brinquedos
Leker

Argila	Leire
Artesanato	Håndverk
Avião	Fly
Barco	Båt
Bateria	Trommer
Bicicleta	Sykkel
Bola	Ball
Boneca	Dukke
Caminhão	Lastebil
Carro	Bil
Favorito	Favoritt
Imaginação	Fantasi
Jogos	Spill
Livros	Bøker
Pipa	Drage
Robô	Robot
Tintas	Maling
Xadrez	Sjakk

Caminhada
Vandring

Acampamento	Camping
Animais	Dyr
Água	Vann
Botas	Støvler
Cansado	Trøtt
Clima	Klima
Mapa	Kart
Montanha	Fjell
Mosquitos	Mygg
Natureza	Natur
Orientação	Orientering
Parques	Parker
Pedras	Steiner
Penhasco	Klippe
Perigos	Farer
Pesado	Tung
Preparação	Forberedelse
Selvagem	Vill
Sol	Sol
Tempo	Vær

Campeonato
Mesterskapet

Campeão	Mester
Campeonato	Mesterskap
Desempenho	Ytelse
Equipe	Team
Esportes	Sport
Estratégia	Strategi
Finalista	Finalist
Jogos	Spill
Juiz	Dømme
Liga	Liga
Medalha	Medalje
Motivação	Motivasjon
Resistência	Utholdenhet
Torneio	Turnering
Treinador	Trener
Vitória	Seier

Casa
Hus

Biblioteca	Bibliotek
Cerca	Gjerde
Chaminé	Skorstein
Chaves	Nøkler
Chuveiro	Dusj
Cortinas	Gardiner
Cozinha	Kjøkken
Espelho	Speil
Garagem	Garasje
Janela	Vindu
Jardim	Hage
Lareira	Peis
Mobiliário	Møbler
Parede	Vegg
Porta	Dør
Quarto	Rom
Sótão	Loft
Tapete	Teppe
Torneira	Kran
Vassoura	Kost

Castelos
Slott

Armadura	Rustning
Catapulta	Katapult
Cavaleiro	Ridder
Cavalo	Hest
Coroa	Krone
Dinastia	Dynasti
Dragão	Drage
Escudo	Skjold
Espada	Sverd
Feudal	Føydal
Fortaleza	Festning
Império	Imperium
Nobre	Edel
Palácio	Palass
Parede	Vegg
Princesa	Prinsesse
Príncipe	Prins
Reino	Kongedømme
Torre	Tårn
Unicórnio	Enhjørning

Chocolate
Sjokolade

Açúcar	Sukker
Amargo	Bitter
Amendoins	Peanøtter
Antioxidante	Antioksidant
Aroma	Aroma
Artesanal	Artisanal
Cacau	Kakao
Calorias	Kalorier
Caramelo	Karamell
Coco	Kokosnøtt
Delicioso	Deilig
Doce	Søt
Exótico	Eksotisk
Favorito	Favoritt
Gosto	Smak
Ingrediente	Ingrediens
Qualidade	Kvalitet
Receita	Oppskrift

Churrascos
Grilling

Almoço	Lunsj
Convite	Invitasjon
Crianças	Barn
Facas	Kniver
Família	Familie
Fome	Sult
Frango	Kylling
Fruta	Frukt
Grelha	Grille
Jantar	Middag
Jogos	Spill
Legumes	Grønnsaker
Molho	Saus
Música	Musikk
Pimenta	Pepper
Quente	Varmt
Sal	Salt
Saladas	Salater
Tomates	Tomater
Verão	Sommer

Cidade
Byen

Aeroporto	Flyplassen
Banco	Bank
Biblioteca	Bibliotek
Cinema	Kino
Clínica	Klinikk
Escola	Skole
Estádio	Stadion
Farmácia	Apotek
Galeria	Galleri
Hotel	Hotell
Jardim Zoológico	Dyrehage
Livraria	Bokhandel
Mercado	Marked
Museu	Museum
Padaria	Bakeri
Restaurante	Restaurant
Salão	Salong
Supermercado	Supermarked
Teatro	Teater
Universidade	Universitet

Ciência
Vitenskap

Átomo	Atom
Cientista	Forsker
Clima	Klima
Dados	Data
Evolução	Evolusjon
Fato	Faktum
Física	Fysikk
Fóssil	Fossilt
Gravidade	Tyngdekraft
Hipótese	Hypotese
Laboratório	Laboratorium
Método	Metode
Minerais	Mineraler
Moléculas	Molekyler
Natureza	Natur
Observação	Observasjon
Organismo	Organisme
Partículas	Partikler
Plantas	Planter
Químico	Kjemisk

Circo
Sirkus

Acrobata	Akrobat
Animais	Dyr
Balões	Ballonger
Bilhete	Billett
Desfile	Parade
Elefante	Elefant
Entreter	Underholde
Espectador	Tilskuer
Espetacular	Spektakulær
Leão	Løve
Macaco	Ape
Magia	Magi
Malabarista	Sjonglør
Mágico	Magiker
Música	Musikk
Palhaço	Klovn
Tenda	Telt
Tigre	Tiger
Traje	Kostyme
Truque	Triks

Clima
Været

Arco-Íris	Regnbue
Atmosfera	Atmosfære
Brisa	Bris
Céu	Himmel
Clima	Klima
Furacão	Orkan
Gelo	Is
Monção	Monsun
Nevoeiro	Tåke
Nuvem	Sky
Polar	Polar
Relâmpago	Lyn
Seca	Tørke
Seco	Tørr
Temperatura	Temperatur
Tempestade	Storm
Tornado	Tornado
Tropical	Tropisk
Trovão	Torden
Vento	Vind

Comida # 2
Mat #2

Alcachofra	Artisjokk
Amêndoa	Mandel
Arroz	Ris
Banana	Banan
Beringela	Aubergine
Brócolis	Brokkoli
Cereja	Kirsebær
Chocolate	Sjokolade
Cogumelo	Sopp
Frango	Kylling
Iogurte	Yoghurt
Kiwi	Kiwi
Maçã	Eple
Ovo	Egg
Peixe	Fisk
Presunto	Skinke
Queijo	Ost
Tomate	Tomat
Trigo	Hvete
Uva	Drue

Comida #1
Mat #1

Açúcar	Sukker
Alho	Hvitløk
Amendoim	Peanøtt
Atum	Tunfisk
Bolo	Kake
Canela	Kanel
Cebola	Løk
Cenoura	Gulrot
Cevada	Bygg
Damasco	Aprikos
Espinafre	Spinat
Leite	Melk
Limão	Sitron
Manjericão	Basilikum
Morango	Jordbær
Nabo	Nepe
Sal	Salt
Salada	Salat
Sopa	Suppe
Suco	Juice

Conservação
Bevaring

Ambiental	Miljø
Água	Vann
Ciclo	Syklus
Clima	Klima
Ecossistema	Økosystem
Educação	Utdanning
Habitat	Habitat
Natural	Naturlig
Orgânico	Organisk
Poluição	Forurensing
Reciclar	Resirkulere
Reduzir	Redusere
Saúde	Helse
Sustentável	Bærekraftig
Verde	Grønn
Voluntário	Frivillig

Cores
Farger

Amarelo	Gul
Azul	Blå
Bege	Beige
Branco	Hvit
Ciano	Cyan
Cinza	Grå
Fuchsia	Fuchsia
Laranja	Oransje
Magenta	Magenta
Marrom	Brun
Preto	Svart
Rosa	Rosa
Roxo	Lilla
Sépia	Sepia
Verde	Grønn
Vermelho	Rød
Violeta	Fiolett

Corpo Humano
Menneskekroppen

Boca	Munn
Cabeça	Hode
Cérebro	Hjerne
Coração	Hjerte
Cotovelo	Albue
Dedo	Finger
Joelho	Kne
Mandíbula	Kjeve
Mão	Hånd
Nariz	Nese
Olho	Øye
Ombro	Skulder
Orelha	Øre
Pele	Hud
Perna	Bein
Pescoço	Hals
Queixo	Hake
Sangue	Blod
Testa	Panne
Tornozelo	Ankel

Cozinha
Kjøkken

Avental	Forkle
Chaleira	Kjele
Colheres	Skjeer
Concha	Øse
Cups	Kopper
Especiarias	Krydder
Esponja	Svamp
Facas	Kniver
Forno	Ovn
Freezer	Fryser
Garfos	Gafler
Geladeira	Kjøleskap
Grelha	Grille
Guardanapo	Serviett
Jar	Krukke
Jarro	Mugge
Pauzinhos	Spisepinner
Receita	Oppskrift
Tigela	Bolle

Dança
Danse

Academia	Akademi
Alegre	Gledelig
Arte	Kunst
Clássico	Klassisk
Coreografia	Koreografi
Corpo	Kropp
Cultura	Kultur
Cultural	Kulturell
Emoção	Følelse
Ensaio	Øving
Expressivo	Uttrykksfull
Graça	Nåde
Movimento	Bevegelse
Música	Musikk
Parceiro	Samboer
Postura	Holdning
Ritmo	Rytme
Saltar	Hoppe
Tradicional	Tradisjonell
Visual	Visuell

Dias e Meses
Dager og Måneder

Abril	April
Agosto	August
Ano	År
Calendário	Kalender
Dezembro	Desember
Domingo	Søndag
Fevereiro	Februar
Janeiro	Januar
Julho	Juli
Junho	Juni
Mês	Måned
Novembro	November
Outubro	Oktober
Quinta-Feira	Torsdag
Sábado	Lørdag
Segunda-Feira	Mandag
Semana	Uke
Setembro	September
Sexta-Feira	Fredag
Terça	Tirsdag

Dinossauros
Dinosaurer

Asas	Vinger
Carnívoro	Kjøtteter
Cauda	Hale
Desaparecimento	Forsvinning
Enorme	Enorm
Espécies	Art
Evolução	Evolusjon
Fósseis	Fossiler
Grande	Stor
Herbívoro	Herbivore
Mamute	Mammut
Onívoro	Omnivore
Poderoso	Kraftig
Presa	Bytte
Pré-Histórico	Forhistorisk
Raptor	Raptor
Réptil	Reptil
Tamanho	Størrelse
Terra	Jord
Vicioso	Ond

Dirigindo
Kjøring

Acidente	Ulykke
Carro	Bil
Combustível	Brensel
Cuidado	Forsiktighet
Estrada	Vei
Freios	Bremser
Garagem	Garasje
Gás	Gass
Licença	Lisens
Mapa	Kart
Motocicleta	Motorsykkel
Motor	Motor
Pedestre	Fotgjenger
Perigo	Fare
Polícia	Politi
Rua	Gate
Segurança	Sikkerhet
Transporte	Transport
Tráfego	Trafikk
Túnel	Tunnel

Disciplinas Científicas
Vitenskapelige Disipliner

Anatomia	Anatomi
Arqueologia	Arkeologi
Astronomia	Astronomi
Biologia	Biologi
Bioquímica	Biokjemi
Botânica	Botanikk
Cinesiologia	Kinesiologi
Ecologia	Økologi
Fisiologia	Fysiologi
Geologia	Geologi
Imunologia	Immunologi
Linguística	Lingvistikk
Meteorologia	Meteorologi
Mineralogia	Mineralogi
Neurologia	Nevrologi
Psicologia	Psykologi
Química	Kjemi
Sociologia	Sosiologi
Termodinâmica	Termodynamikk
Zoologia	Zoologi

Ecologia
Økologi

Clima	Klima
Comunidades	Samfunn
Diversidade	Mangfold
Espécies	Art
Fauna	Fauna
Flora	Flora
Global	Global
Habitat	Habitat
Marinho	Marine
Montanhas	Fjell
Natural	Naturlig
Natureza	Natur
Pântano	Myr
Plantas	Planter
Recursos	Ressurser
Seca	Tørke
Sobrevivência	Overlevelse
Sustentável	Bærekraftig
Vegetação	Vegetasjon
Voluntários	Frivillige

Edifícios
Bygningsmasse

Apartamento	Leilighet
Castelo	Slott
Celeiro	Låve
Cinema	Kino
Embaixada	Ambassade
Escola	Skole
Estádio	Stadion
Fazenda	Gård
Fábrica	Fabrikk
Garagem	Garasje
Hospital	Sykehus
Hotel	Hotell
Laboratório	Laboratorium
Museu	Museum
Observatório	Observatorium
Supermercado	Supermarked
Teatro	Teater
Tenda	Telt
Torre	Tårn
Universidade	Universitet

Emoções
Følelser

Alegria	Glede
Amor	Kjærlighet
Bem-Aventurança	Lykksalighet
Bondade	Vennlighet
Calmo	Rolig
Conteúdo	Innhold
Envergonhado	Flau
Grato	Takknemlig
Medo	Frykt
Paz	Fred
Raiva	Sinne
Relaxado	Avslappet
Satisfeito	Fornøyd
Simpatia	Sympati
Ternura	Ømhet
Tédio	Kjedsomhet
Tranquilidade	Ro
Tristeza	Tristhet

Escalada
Klatring

Altitude	Høyde
Atmosfera	Atmosfære
Botas	Støvler
Caminhada	Fotturer
Capacete	Hjelm
Caverna	Hule
Curiosidade	Nysgjerrighet
Desafios	Utfordringer
Especialista	Ekspert
Estabilidade	Stabilitet
Estreito	Smal
Físico	Fysisk
Força	Styrke
Luvas	Hansker
Mapa	Kart
Terreno	Terreng

Escola # 2
Skole nr. 2

Acadêmico	Akademisk
Atividades	Aktiviteter
Biblioteca	Bibliotek
Calendário	Kalender
Ciência	Vitenskap
Computador	Datamaskin
Dicionário	Ordbok
Educação	Utdanning
Gramática	Grammatikk
Jogos	Spill
Lápis	Blyant
Leitura	Lesing
Literatura	Litteratur
Livros	Bøker
Matemática	Matte
Mochila	Ryggsekk
Papel	Papir
Professor	Lærer
Suprimentos	Forsyninger
Tesoura	Saks

Especiarias
Krydder

Açafrão	Safran
Alcaçuz	Lakris
Alho	Hvitløk
Amargo	Bitter
Anis	Anis
Azedo	Sur
Baunilha	Vanilje
Canela	Kanel
Cardamomo	Kardemomme
Caril	Karri
Cebola	Løk
Coentro	Koriander
Cominho	Spisskummen
Doce	Søt
Funcho	Fennikel
Gengibre	Ingefær
Noz-Moscada	Muskat
Pimenta	Pepper
Sabor	Smak
Sal	Salt

Esportes
Idrett

Atleta	Atlet
Árbitro	Dommer
Basquete	Basketball
Beisebol	Baseball
Bicicleta	Sykkel
Campeonato	Mesterskap
Equipe	Team
Estádio	Stadion
Ganhador	Vinner
Ginásio	Gymnastikksal
Ginástica	Gymnastikk
Golfe	Golf
Hóquei	Hockey
Jogador	Spiller
Jogo	Spill
Movimento	Bevegelse
Tênis	Tennis
Treinador	Trener

Exploração
Utforskning

Animais	Dyr
Atividade	Aktivitet
Busca	Oppdrag
Coragem	Mot
Culturas	Kulturer
Descoberta	Oppdagelse
Desconhecido	Ukjent
Determinação	Besluttsomhet
Distante	Fjern
Espaço	Rom
Exaustão	Utmattelse
Língua	Språk
Novo	Ny
Perigos	Farer
Selvagem	Vill
Terreno	Terreng
Viagem	Reise

Família
Familien

Antepassado	Stamfar
Avó	Bestemor
Avô	Bestefar
Criança	Barn
Esposa	Kone
Filha	Datter
Infância	Barndom
Irmã	Søster
Irmão	Bror
Marido	Ektemann
Materno	Mors
Mãe	Mor
Neto	Barnebarn
Pai	Far
Paterno	Faderlig
Primo	Fetter
Sobrinha	Niese
Sobrinho	Nevø
Tia	Tante
Tio	Onkel

Fazenda #1
Gården #1

Abelha	Bie
Agricultura	Landbruk
Arroz	Ris
Água	Vann
Bezerro	Kalv
Burro	Esel
Cabra	Geit
Campo	Felt
Cavalo	Hest
Cão	Hund
Cerca	Gjerde
Corvo	Kråke
Feno	Høy
Fertilizante	Gjødsel
Frango	Kylling
Gato	Katt
Mel	Honning
Porco	Gris
Rebanho	Flokk
Vaca	Ku

Fazenda #2
Gården #2

Agricultor	Bonde
Animais	Dyr
Celeiro	Låve
Cevada	Bygg
Colmeia	Bikube
Cordeiro	Lam
Fruta	Frukt
Irrigação	Vanning
Leite	Melk
Lhama	Lama
Maduro	Moden
Milho	Korn
Ovelha	Sau
Pastor	Hyrde
Pato	And
Pomar	Frukthage
Prado	Eng
Trator	Traktor
Trigo	Hvete
Vegetal	Grønnsak

Ferramentas de Cozinha
Verktøy for Matlaging

Chaleira	Kjele
Coador	Dørslag
Colher	Skje
Espátula	Stekespade
Espremedor	Juicer
Faca	Kniv
Fogão	Komfyr
Forno	Ovn
Garfo	Gaffel
Geladeira	Kjøleskap
Liquidificador	Blender
Ralador	Rivjern
Talheres	Bestikk
Tampa	Lokk
Termômetro	Termometer
Tesoura	Saks
Torradeira	Brødrister

Férias #2
Ferie # 2

Aeroporto	Flyplassen
Destino	Destinasjon
Estrangeiro	Utlending
Feriado	Ferie
Fotos	Bilder
Hotel	Hotell
Ilha	Øy
Lazer	Fritid
Mapa	Kart
Mar	Hav
Montanhas	Fjell
Passaporte	Pass
Praia	Strand
Reservas	Reservasjoner
Restaurante	Restaurant
Táxi	Taxi
Tenda	Telt
Transporte	Transport
Viagem	Reise
Visto	Visum

Ficção Científica
Science Fiction

Atómico	Atom
Cinema	Kino
Distante	Fjern
Distopia	Dystopi
Explosão	Eksplosjon
Extremo	Ekstrem
Fantástico	Fantastisk
Fogo	Brann
Futurista	Futuristisk
Galáxia	Galaxy
Ilusão	Illusjon
Imaginário	Innbilt
Livros	Bøker
Misterioso	Mystisk
Mundo	Verden
Oráculo	Orakel
Planeta	Planet
Robôs	Roboter
Tecnologia	Teknologi
Utopia	Utopi

Flores
Blomster

Buquê	Bukett
Dente-De-Leão	Løvetann
Gardênia	Gardenia
Girassol	Solsikke
Hibisco	Hibiskus
Jasmim	Sjasmin
Lavanda	Lavendel
Lilás	Lilla
Lírio	Lilje
Magnólia	Magnolia
Margarida	Tusenfryd
Narciso	Påskelilje
Orquídea	Orkidé
Papoula	Valmue
Peônia	Peon
Pétala	Kronblad
Plumeria	Plumeria
Rosa	Rose
Trevo	Kløver
Tulipa	Tulipan

Floresta Tropical
Regnskogen

Anfíbios	Amfibier
Botânico	Botanisk
Clima	Klima
Comunidade	Samfunnet
Diversidade	Mangfold
Espécies	Art
Indígena	Urfolk
Insetos	Insekter
Mamíferos	Pattedyr
Musgo	Mose
Natureza	Natur
Nuvens	Skyer
Pássaros	Fugler
Preservação	Bevaring
Refúgio	Tilflukt
Respeito	Respekt
Restauração	Restaurering
Selva	Jungel
Sobrevivência	Overlevelse
Valioso	Verdifull

Formas
Former

Arco	Bue
Canto	Hjørne
Cilindro	Sylinder
Círculo	Sirkel
Cone	Kjegle
Cubo	Kube
Curva	Kurve
Elipse	Ellipse
Esfera	Sfære
Hipérbole	Hyperbola
Lado	Side
Linha	Linje
Oval	Oval
Pirâmide	Pyramide
Polígono	Polygon
Prisma	Prisme
Quadrado	Torget
Retângulo	Rektangel
Triângulo	Trekant

Frutas
Frukt

Abacate	Avokado
Abacaxi	Ananas
Amora	Bjørnebær
Baga	Bær
Banana	Banan
Cereja	Kirsebær
Coco	Kokosnøtt
Damasco	Aprikos
Figo	Fig
Framboesa	Bringebær
Kiwi	Kiwi
Laranja	Oransje
Limão	Sitron
Maçã	Eple
Mamão	Papaya
Manga	Mango
Nectarina	Nektarin
Pera	Pære
Pêssego	Fersken
Uva	Drue

Gatos
Katter

Brincalhão	Leken
Caçador	Jeger
Cauda	Hale
Curioso	Nysgjerrig
Dormir	Søvn
Engraçado	Morsom
Fio	Garn
Garra	Klo
Independente	Uavhengig
Louco	Gal
Mouse	Mus
Pata	Pote
Pele	Pels
Personalidade	Personlighet
Selvagem	Vill
Tímido	Sjenert

Geografia
Geografi

Altitude	Høyde
Atlas	Atlas
Cidade	By
Continente	Kontinent
Hemisfério	Halvkule
Ilha	Øy
Latitude	Breddegrad
Longitude	Lengdegrad
Mapa	Kart
Mar	Hav
Meridiano	Meridian
Montanha	Fjell
Mundo	Verden
Norte	Nord
Oeste	Vest
País	Land
Região	Region
Rio	Elv
Sul	Sør
Território	Territorium

Geologia
Geologi

Ácido	Syre
Camada	Lag
Caverna	Hule
Cálcio	Kalsium
Continente	Kontinent
Coral	Korall
Cristais	Crystal
Erosão	Erosjon
Estalactite	Stalaktitt
Estalagmites	Stalagmitter
Fóssil	Fossilt
Lava	Lava
Minerais	Mineraler
Pedra	Stein
Platô	Platå
Quartzo	Kvarts
Sal	Salt
Terremoto	Jordskjelv
Vulcão	Vulkan
Zona	Sone

Herbalismo
Urtemedisin

Açafrão	Safran
Alecrim	Rosmarin
Alho	Hvitløk
Aromático	Aromatisk
Benéfico	Gunstig
Coentro	Koriander
Estragão	Estragon
Flor	Blomst
Funcho	Fennikel
Ingrediente	Ingrediens
Jardim	Hage
Lavanda	Lavendel
Manjericão	Basilikum
Manjerona	Marjoram
Planta	Plante
Qualidade	Kvalitet
Sabor	Smak
Salsa	Persille
Tomilho	Timian
Verde	Grønn

Insetos
Insekter

Abelha	Bie
Barata	Kakerlakk
Besouro	Bille
Borboleta	Sommerfugl
Cigarra	Cicada
Cupim	Termitt
Formiga	Maur
Gafanhoto	Gresshoppe
Joaninha	Marihøne
Larva	Larve
Libélula	Øyenstikker
Louva-A-Deus	Mantis
Mariposa	Møll
Minhoca	Orm
Mosquito	Mygg
Pulga	Loppe
Pulgão	Bladlus
Vespa	Veps

Instrumentos Musicais
Musikkinstrumenter

Bandolim	Mandolin
Banjo	Banjo
Clarinete	Klarinett
Fagote	Fagott
Flauta	Fløyte
Gaita	Munnspill
Gongo	Gong
Harpa	Harpe
Marimba	Marimba
Oboé	Obo
Pandeiro	Tamburin
Percussão	Perkusjon
Piano	Piano
Saxofone	Saksofon
Tambor	Tromme
Trombone	Trombone
Trompete	Trompet
Violão	Gitar
Violino	Fiolin
Violoncelo	Cello

Jardim
Hage

Ancinho	Rake
Arbusto	Busk
Árvore	Tre
Banco	Benk
Cerca	Gjerde
Flor	Blomst
Garagem	Garasje
Grama	Gress
Gramado	Plen
Jardim	Hage
Lagoa	Dam
Maca	Hengekøye
Mangueira	Slange
Pá	Spade
Pomar	Frukthage
Solo	Jord
Terraço	Terrasse
Trampolim	Trampoline
Varanda	Veranda
Videira	Vintreet

Literatura
Litteratur

Analogia	Analogi
Análise	Analyse
Anedota	Anekdote
Autor	Forfatter
Biografia	Biografi
Comparação	Sammenligning
Conclusão	Konklusjon
Descrição	Beskrivelse
Diálogo	Dialog
Estilo	Stil
Metáfora	Metafor
Narrador	Forteller
Opinião	Mening
Poema	Dikt
Poético	Poetisk
Rima	Rim
Ritmo	Rytme
Romance	Roman
Tema	Tema
Tragédia	Tragedie

Livros
Reserve

Autor	Forfatter
Aventura	Eventyr
Coleção	Samling
Contexto	Kontekst
Dualidade	Dualitet
Escrito	Skrevet
Épico	Episk
História	Historie
Histórico	Historisk
Inventivo	Oppfinnsom
Leitor	Leser
Literário	Litterær
Narrador	Forteller
Página	Side
Poema	Dikt
Poesia	Poesi
Relevante	Aktuell
Romance	Roman
Série	Serie
Trágico	Tragisk

Mamíferos
Pattedyr

Baleia	Hval
Camelo	Kamel
Canguru	Kenguru
Castor	Bever
Cavalo	Hest
Cão	Hund
Coelho	Kanin
Coiote	Prærieulv
Elefante	Elefant
Gato	Katt
Girafa	Sjiraff
Golfinho	Delfin
Gorila	Gorilla
Leão	Løve
Lobo	Ulv
Macaco	Ape
Ovelha	Sau
Raposa	Rev
Touro	Okse
Zebra	Sebra

Matemática
Matematikk

Aritmética	Aritmetikk
Ângulos	Vinkler
Circunferência	Omkrets
Decimal	Desimal
Diâmetro	Diameter
Divisão	Divisjon
Equação	Ligning
Esfera	Sfære
Expoente	Eksponent
Fração	Brøkdel
Geometria	Geometri
Paralelo	Parallell
Polígono	Polygon
Quadrado	Torget
Raio	Radius
Retângulo	Rektangel
Simetria	Symmetri
Soma	Sum
Triângulo	Trekant
Volume	Volum

Material de Arte
Kunst Forsyninger

Acrílico	Akryl
Apagador	Viskelær
Aquarelas	Akvareller
Argila	Leire
Água	Vann
Cadeira	Stol
Carvão	Kull
Cavalete	Staffeli
Câmera	Kamera
Cola	Lim
Cores	Farger
Criatividade	Kreativitet
Escovas	Børster
Lápis	Blyanter
Mesa	Bord
Óleo	Olje
Papel	Papir
Tinta	Blekk
Tintas	Maling

Medições
Målinger

Altura	Høyde
Byte	Byte
Centímetro	Centimeter
Comprimento	Lengde
Decimal	Desimal
Grama	Gram
Grau	Grad
Largura	Bredde
Litro	Liter
Massa	Masse
Metro	Meter
Minuto	Minutt
Onça	Unse
Peso	Vekt
Polegada	Tomme
Profundidade	Dybde
Quilograma	Kilo
Quilômetro	Kilometer
Tonelada	Tonn
Volume	Volum

Meditação
Meditasjon

Aceitação	Aksept
Acordado	Våken
Atenção	Oppmerksomhet
Bondade	Vennlighet
Clareza	Klarhet
Compaixão	Medfølelse
Emoções	Følelser
Gratidão	Takknemlighet
Hábitos	Vaner
Mental	Mental
Mente	Sinn
Movimento	Bevegelse
Música	Musikk
Natureza	Natur
Observação	Observasjon
Paz	Fred
Pensamentos	Tanker
Perspectiva	Perspektiv
Postura	Holdning
Silêncio	Stillhet

Mitologia
Mytologi

Arquétipo	Arketype
Ciúmes	Sjalusi
Comportamento	Oppførsel
Criação	Skapelse
Criatura	Skapning
Cultura	Kultur
Desastre	Katastrofe
Força	Styrke
Guerreiro	Kriger
Heroína	Heltinne
Herói	Helt
Imortalidade	Udødelighet
Labirinto	Labyrint
Lenda	Legende
Mágico	Magisk
Monstro	Monster
Mortal	Dødelig
Relâmpago	Lyn
Trovão	Torden
Vingança	Hevn

Móveis
Innredning

Almofada	Pute
Almofadas	Puter
Banco	Benk
Cadeira	Stol
Cama	Seng
Colchão	Madrass
Cortinas	Gardiner
Cômoda	Kommode
Espelho	Speil
Estante	Bokhylle
Futon	Futon
Maca	Hengekøye
Mesa	Skrivebord
Poltrona	Lenestol
Sofá	Sofa
Tapete	Teppe

Natureza
Naturen

Abelhas	Bier
Abrigo	Ly
Animais	Dyr
Ártico	Arktisk
Beleza	Skjønnhet
Deserto	Ørken
Dinâmico	Dynamisk
Erosão	Erosjon
Floresta	Skog
Folhagem	Løvverk
Geleira	Isbre
Nevoeiro	Tåke
Nuvens	Skyer
Pacífico	Fredelig
Rio	Elv
Santuário	Helligdom
Selvagem	Vill
Sereno	Rolig
Tropical	Tropisk
Vital	Viktig

Nutrição
Ernæring

Amargo	Bitter
Apetite	Appetitt
Calorias	Kalorier
Carboidratos	Karbohydrater
Comestível	Spiselig
Dieta	Diett
Digestão	Fordøyelse
Equilibrado	Balansert
Fermentação	Gjæring
Líquidos	Væsker
Molho	Saus
Nutriente	Næringsstoff
Peso	Vekt
Proteínas	Proteiner
Qualidade	Kvalitet
Sabor	Smak
Saudável	Sunn
Saúde	Helse
Toxina	Gift
Vitamina	Vitamin

Números
Antall

Cinco	Fem
Decimal	Desimal
Dez	Ti
Dezesseis	Seksten
Dezessete	Sytten
Dezoito	Atten
Dois	To
Doze	Tolv
Nove	Ni
Oito	Åtte
Quatorze	Fjorten
Quatro	Fire
Quinze	Femten
Seis	Seks
Sete	Syv
Treze	Tretten
Três	Tre
Um	En
Vinte	Tjue
Zero	Null

Oceano
Havet

Atum	Tunfisk
Baleia	Hval
Barco	Båt
Camarão	Reke
Caranguejo	Krabbe
Coral	Korall
Enguia	Ål
Esponja	Svamp
Golfinho	Delfin
Marés	Tidevann
Medusa	Manet
Ondas	Bølger
Ostra	Østers
Peixe	Fisk
Polvo	Blekksprut
Recife	Rev
Sal	Salt
Tartaruga	Skilpadde
Tempestade	Storm
Tubarão	Hai

Paisagens
Landskap

Cascata	Foss
Caverna	Hule
Colina	Ås
Deserto	Ørken
Enseada	Vik
Geleira	Isbre
Golfo	Gulf
Iceberg	Isfjell
Ilha	Øy
Lago	Innsjø
Mar	Hav
Montanha	Fjell
Oásis	Oase
Pântano	Sump
Península	Halvøy
Praia	Strand
Rio	Elv
Tundra	Tundra
Vale	Dal
Vulcão	Vulkan

Países #2
Land #2

Albânia	Albania
Dinamarca	Danmark
França	Frankrike
Grécia	Hellas
Haiti	Haiti
Indonésia	Indonesia
Irlanda	Irland
Jamaica	Jamaica
Japão	Japan
Laos	Laos
Líbano	Libanon
México	Mexico
Nepal	Nepal
Nigéria	Nigeria
Paquistão	Pakistan
Rússia	Russland
Síria	Syria
Somália	Somalia
Ucrânia	Ukraina
Uganda	Uganda

Pássaros
Fugler

Avestruz	Struts
Águia	Ørn
Cegonha	Stork
Cisne	Svanen
Corvo	Kråke
Cuco	Gjøk
Flamingo	Flamingo
Frango	Kylling
Gaivota	Måke
Ganso	Gås
Garça	Hegre
Ovo	Egg
Papagaio	Papegøye
Pardal	Spurv
Pato	And
Pavão	Påfugl
Pelicano	Pelikan
Pinguim	Pingvin
Pombo	Due
Tucano	Toucan

Pesca
Fiske

Água	Vann
Barbatanas	Finnene
Barco	Båt
Brânquias	Gjeller
Cesta	Kurv
Cozinhar	Kokk
Equipamento	Utstyr
Exagero	Overdrivelse
Fio	Ledning
Gancho	Krok
Isca	Agn
Lago	Innsjø
Mandíbula	Kjeve
Oceano	Hav
Paciência	Tålmodighet
Peso	Vekt
Praia	Strand
Rio	Elv
Temporada	Årstid

Piratas
Sjørøvere

Aventura	Eventyr
Âncora	Anker
Bússola	Kompass
Capitão	Kaptein
Caverna	Hule
Cicatriz	Arr
Espada	Sverd
Ilha	Øy
Lenda	Legende
Mapa	Kart
Mau	Dårlig
Moedas	Mynter
Oceano	Hav
Ouro	Gull
Papagaio	Papegøye
Perigo	Fare
Praia	Strand
Rum	Rom
Tesouro	Skatt
Tripulação	Mannskap

Plantas
Planter

Arbusto	Busk
Árvore	Tre
Baga	Bær
Bambu	Bambus
Botânica	Botanikk
Cacto	Kaktus
Erva	Urt
Feijão	Bønne
Fertilizante	Gjødsel
Flor	Blomst
Flora	Flora
Floresta	Skog
Folhagem	Løvverk
Grama	Gress
Hera	Eføy
Jardim	Hage
Musgo	Mose
Pétala	Kronblad
Raiz	Rot
Vegetação	Vegetasjon

Preencher
For å Fylle

Bacia	Basseng
Balde	Bøtte
Bandeja	Brett
Barril	Fat
Bolso	Lomme
Caixa	Eske
Cesta	Kurv
Envelope	Konvolutt
Garrafa	Flaske
Gaveta	Skuff
Jar	Krukke
Mala	Koffert
Pacote	Pakke
Pasta	Mappe
Saco	Pose
Tubo	Rør
Vaso	Vase

Profissões #1
Yrker # 1

Advogado	Advokat
Artista	Kunstner
Astrônomo	Astronom
Banqueiro	Bankier
Bombeiro	Brannmann
Caçador	Jeger
Cartógrafo	Kartograf
Cientista	Forsker
Dançarino	Danser
Editor	Redaktør
Embaixador	Ambassadør
Encanador	Rørlegger
Enfermeira	Sykepleier
Geólogo	Geolog
Joalheiro	Gullsmed
Marinheiro	Sjømann
Músico	Musiker
Pianista	Pianist
Psicólogo	Psykolog
Veterinário	Veterinær

Profissões #2
Yrker # 2

Agricultor	Bonde
Astronauta	Astronaut
Bibliotecário	Bibliotekar
Biólogo	Biolog
Cirurgião	Kirurg
Dentista	Tannlege
Engenheiro	Ingeniør
Filósofo	Filosof
Fotógrafo	Fotograf
Ilustrador	Illustratør
Inventor	Oppfinner
Investigador	Forsker
Jardineiro	Gartner
Jornalista	Journalist
Linguista	Lingvist
Médico	Lege
Piloto	Pilot
Pintor	Maler
Professor	Lærer
Zoólogo	Zoolog

Restaurante # 2
Restaurant # 2

Almoço	Lunsj
Aperitivo	Forrett
Água	Vann
Bebida	Drikk
Bolo	Kake
Cadeira	Stol
Colher	Skje
Delicioso	Deilig
Especiarias	Krydder
Fruta	Frukt
Garçom	Kelner
Garfo	Gaffel
Gelo	Is
Jantar	Middag
Legumes	Grønnsaker
Macarrão	Nudler
Peixe	Fisk
Sal	Salt
Salada	Salat
Sopa	Suppe

Restaurante #1
Restaurant #1

Alergia	Allergi
Café	Kaffe
Caixa	Kasserer
Carne	Kjøtt
Cozinha	Kjøkken
Faca	Kniv
Frango	Kylling
Garçonete	Servitør
Guardanapo	Serviett
Ingredientes	Ingredienser
Menu	Meny
Molho	Saus
Pão	Brød
Picante	Krydret
Placa	Tallerken
Reserva	Reservasjon
Sobremesa	Dessert
Tigela	Bolle

Roupas
Klær

Avental	Forkle
Blusa	Bluse
Calça	Bukse
Camisa	Skjorte
Casaco	Frakk
Chapéu	Hatt
Cinto	Belte
Colar	Halskjede
Jaqueta	Jakke
Jeans	Jeans
Luvas	Hansker
Meias	Sokker
Moda	Mote
Pijama	Pyjamas
Pulseira	Armbånd
Saia	Skjørt
Sandálias	Sandaler
Sapato	Sko
Suéter	Genser
Vestido	Kjole

Sons
Lyder

Alto	Høyt
Apito	Fløyte
Aplaudir	Klapp
Concerto	Konsert
Coro	Kor
Eco	Ekko
Gemer	Stønn
Repetitivo	Repeterende
Ressonante	Resonans
Riso	Latter
Ruidoso	Støyende
Sino	Klokke
Sirenes	Sirener
Sussurrar	Hviske
Tosse	Hoste
Vibração	Vibrasjon
Vozes	Stemmer

Surf
Surfing

Atleta	Atlet
Campeão	Mester
Espuma	Skum
Estilo	Stil
Estômago	Mage
Extremo	Ekstrem
Força	Styrke
Multidões	Folkemengder
Oceano	Hav
Onda	Bølge
Popular	Populær
Praia	Strand
Principiante	Nybegynner
Rapidez	Hastighet
Recife	Rev
Tempo	Vær

Tecnologia
Teknologi

Arquivo	Fil
Blog	Blogg
Bytes	Byte
Câmera	Kamera
Computador	Datamaskin
Cursor	Markør
Dados	Data
Digital	Digitalt
Estatísticas	Statistikk
Fonte	Skrift
Internet	Internett
Mensagem	Melding
Navegador	Nettleser
Pesquisa	Forskning
Segurança	Sikkerhet
Software	Programvare
Tela	Skjerm
Virtual	Virtuell
Vírus	Virus

Tempo
Tid

Agora	Nå
Ano	År
Antes	Før
Anual	Årlig
Calendário	Kalender
Década	Tiår
Dia	Dag
Futuro	Fremtid
Hoje	I Dag
Hora	Time
Manhã	Morgen
Meio-Dia	Middagstid
Mês	Måned
Minuto	Minutt
Momento	Øyeblikk
Noite	Natt
Ontem	I Går
Relógio	Klokke
Semana	Uke
Século	Århundre

Tipos de Cabelo
Hårtyper

Branco	Hvit
Brilhante	Skinnende
Cachos	Krøller
Careca	Skallet
Cinza	Grå
Colori	Farget
Encaracolado	Krøllet
Fino	Tynn
Grosso	Tykk
Loiro	Blond
Longo	Lang
Marrom	Brun
Ondulado	Bølgete
Prata	Sølv
Preto	Svart
Saudável	Sunn
Seco	Tørr
Suave	Myk
Trançado	Flettet
Tranças	Fletter

Vegetais
Grønnsaker

Abóbora	Gresskar
Aipo	Selleri
Alcachofra	Artisjokk
Alho	Hvitløk
Batata	Potet
Beringela	Aubergine
Brócolis	Brokkoli
Cebola	Løk
Cenoura	Gulrot
Chalota	Sjalottløk
Cogumelo	Sopp
Ervilha	Ert
Espinafre	Spinat
Gengibre	Ingefær
Nabo	Nepe
Pepino	Agurk
Rabanete	Reddik
Salada	Salat
Salsa	Persille
Tomate	Tomat

Veículos
Kjøretøy

Ambulância	Ambulanse
Avião	Fly
Balsa	Ferje
Barco	Båt
Bicicleta	Sykkel
Caminhão	Lastebil
Caravana	Campingvogn
Carro	Bil
Foguete	Rakett
Furgão	Varebil
Helicóptero	Helikopter
Jangada	Flåte
Lambreta	Scooter
Metrô	T
Motor	Motor
Ônibus	Buss
Pneus	Dekk
Submarino	Undervannsbåt
Táxi	Taxi
Trator	Traktor

Verão
Sommer

Acampamento	Camping
Alegria	Glede
Amigos	Venner
Casa	Hjem
Estrelas	Stjerner
Família	Familie
Jardim	Hage
Jogos	Spill
Lazer	Fritid
Livros	Bøker
Mar	Hav
Mergulho	Dykking
Música	Musikk
Praia	Strand
Relaxamento	Avslapning
Sandálias	Sandaler
Viagem	Reise

Virtudes #1
Dyder # 1

Apaixonado	Lidenskapelig
Artístico	Kunstnerisk
Bom	God
Curioso	Nysgjerrig
Decisivo	Avgjørende
Eficiente	Effektiv
Encantador	Sjarmerende
Engraçado	Morsom
Generoso	Sjenerøs
Imaginativo	Fantasifull
Independente	Uavhengig
Inteligente	Intelligent
Limpo	Ren
Modesto	Beskjeden
Paciente	Pasient
Prático	Praktisk
Sábio	Klok
Útil	Nyttig

Xadrez
Sjakk

Branco	Hvit
Campeão	Mester
Concurso	Konkurranse
Desafios	Utfordringer
Diagonal	Diagonal
Estratégia	Strategi
Jogador	Spiller
Jogo	Spill
Oponente	Motstander
Passivo	Passiv
Pontos	Poeng
Preto	Svart
Rainha	Dronning
Regras	Regler
Rei	Konge
Sacrifício	Offer
Tempo	Tid
Torneio	Turnering

Parabéns

Conseguiu!

Esperamos que tenha gostado tanto deste livro como nós gostamos de o desenhar. Esforçamo-nos por criar livros da mais alta qualidade possível.
Esta edição foi concebida para proporcionar uma aprendizagem inteligente, de qualidade e divertida!

Gostou deste livro?

Um simples pedido

Estes livros existem graças às críticas que publica.
Pode ajudar-nos, deixando agora uma revisão?

Aqui está um pequeno link para
a sua página de revisão:

BestBooksActivity.com/Avaliacoes50

DESAFIO FINAL!

Desafio n° 1

Está pronto para o seu jogo grátis? Usamo-los a toda a hora, mas não são tão fáceis de encontrar - aqui estão os **Sinônimos!**
Escreva 5 palavras que encontrou nos puzzles (n° 21, n° 36, n° 76) e tente encontrar 2 sinónimos para cada palavra.

Escreva 5 palavras de *Puzzle 21*

Palavras	Sinônimo 1	Sinônimo 2

Escreva 5 palavras de *Puzzle 36*

Palavras	Sinônimo 1	Sinônimo 2

Escreva 5 palavras de *Puzzle 76*

Palavras	Sinônimo 1	Sinônimo 2

Desafio n° 2

Agora que já aqueceu, escreva 5 palavras que encontrou nos Puzzles (n° 9, n° 17 e n° 25) e tente encontrar 2 antônimos para cada palavra. Quantos se podem encontrar em 20 minutos?

Escreva 5 palavras de **Puzzle 9**

Palavras	Antônimo 1	Antônimo 2

Escreva 5 palavras de **Puzzle 17**

Palavras	Antônimo 1	Antônimo 2

Escreva 5 palavras de **Puzzle 25**

Palavras	Antônimo 1	Antônimo 2

Desafio n° 3

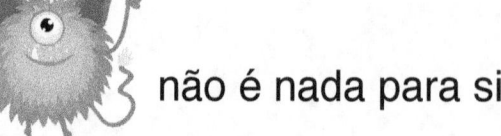

Óptimo! Este desafio final não é nada para si.

Pronto para o desafio final? Escolha 10 palavras que tenha descoberto nos diferentes puzzles e escreva-as abaixo.

1.	6.
2.	7.
3.	8.
4.	9.
5.	10.

Agora escreva um texto a pensar numa pessoa, num animal ou num lugar de seu agrado.

Pode utilizar a última página deste livro como um rascunho.

A Sua Composição:

_____

_____

_____

_____

_____

_____

_____

_____

_____

CADERNO DE NOTAS:

ATÉ BREVE!

A equipa Inteira